ODILON DOS SANTOS SILVA

FINANCIAMENTO ELEITORAL

O DESCOMPASSO ENTRE O NOVO SISTEMA DE DOAÇÕES DE CAMPANHA E A CULTURA DE ARRECADAÇÃO VIA FONTES VEDADAS

Odilon dos Santos Silva

Advogado, Graduado pela Faculdade de Direito da Universidade Federal da Bahia.

Pós Graduado em Direito Eleitoral, pela Faculdade Baiana de Direito.

"*O ladrão que furta para comer, não vai, nem leva ao inferno; os que não só vão, mas levam, de que eu trato, são outros ladrões, de maior calibre e de mais alta esfera. (...) os ladrões que mais própria e dignamente merecem este título são aqueles a quem os reis encomendam os exércitos e legiões, ou o governo das províncias, ou a administração das cidades, os quais já com manha, já com força, roubam e despojam os povos. - Os outros ladrões roubam um homem: estes roubam cidades e reinos; os outros furtam debaixo do seu risco: estes sem temor, nem perigo; os outros, se furtam, são enforcados: estes furtam e enforcam*".

Marcelo Gruman

Sumário

PRÓLOGO

A presente pesquisa discute os principais aspectos relacionados às alterações oriundas da minirreforma eleitoral da Lei 13.165/2015, no que se refere ao financiamento de campanhas eleitorais, fazendo um contraponto com os meios de arrecadação utilizados anteriormente e o nível altíssimo de desvio de condutas, de favorecimento e corrupção administrativa que assola a política brasileira. Primeiramente são apresentados as principais vertentes das campanhas eleitorais, tratando-a como garantia da democracia, além de demonstrar técnicas de persuasão do eleitor na busca por votos e os limites principiológicos das campanhas eleitorais, quais sejam a moralidade eleitoral e a liberdade do voto. Posteriormente, o capitulo subsequente, se dedica a análise dos sistemas de arrecadação de fundos para as campanhas, dando enfoque principal sistema de arrecadação proposto pelo Julgamento pelo Supremo Tribunal Federal da ADI 4.560 e da Lei 13.165/2015, as principais alterações advindas dessa reforma, tais como a proibição de doações de campanha por pessoas jurídicas, do mesmo modo, procurou delimitar a prática de condutas ilícitas e antidemocráticas do sistema atual e a contemporaneidade do sistema de arrecadação antigo, muito influenciado pelos favores eleitorais e corrupção. Por fim, o ultimo capitulo passa a demonstrar a necessidade de limitação do financiamento de campanha e o não prejuízo à liberdade de expressão do eleitor, bem como propôs modificações legislativas ao sistema atual, no fito de que seja respeitado os princípios constitucionais da Democracia e República.

Palavras-chave: Financiamento de Campanha; Minirreforma eleitoral de 2015; Doações de Pessoas Naturais; Limite de Gastos; Práticas de Condutas ilícitas; Limitação do Financiamento; Liberdade de expressão do eleitor.

INTRODUÇÃO

As campanhas eleitorais são oriundas do próprio sistema criado pelo Direito Eleitoral, como forma de exteriorizar o processo democrático. Trata-se do período eleitoral em que os partidos e seus candidatos se apresentam para a população em busca de votos.

É durante as campanhas eleitorais que se garante o exercício do direito fundamental de sufrágio com vistas à concretização da soberania popular, bem como à validação da ocupação de cargos políticos e à legitimação do exercício do poder estatal, nos casos em que as campanhas são conduzidas dentro da normalidade, sem a interferência da prática de atos ilícitos.

Dentro desse contexto, o financiamento de campanha consiste na arrecadação de recursos para que os partidos e os candidatos possam utilizar durante as campanhas eleitorais.

O Brasil segue o modelo misto de arrecadação, ou seja, os recursos que servirão para custear os gastos das campanhas eleitorais podem ser de origem pública ou privada.

Entende-se por gastos públicos, nesse caso, tanto as receitas advindas dos fundos partidários, quanto à veiculação de gratuita dos programas eleitorais em todas as emissoras de rádios e televisão.

No que se refere ao financiamento privado, a minirreforma eleitoral de 2015, oriunda da Lei 13.165/2015, trouxe uma inovação considerável no sentido de proibir a doação de pessoas jurídicas às campanhas eleitorais, como forma de coibir a pratica de corrupção e troca de favores de campanha, entre os candidatos e as empresa financiadoras.

Sendo assim, permaneceram como fontes autorizadas de arrecadação, as pessoas físicas, podendo doar valor referente a 10% da renda bruta auferida no ano anterior a eleição, bem como doações estimáveis em dinheiro até o montante de R$80.000,00 (oitenta mil reais), conforme estipula o parágrafo 7º do artigo 23, *caput,* da lei das eleições (Lei 9.504/97).

O presente trabalho visa analisar os impactos trazidos pela legislação da minirreforma eleitoral, no sentido de reduzir a prática de condutas proibidas. Do mesmo modo que tenta elencar de forma pormenorizada as práticas evidenciadas durante o sistema antigo de arrecadação, que continuam sendo praticadas atualmente.

Para tanto, necessário se faz organizar um estudo sobre o financiamento de campanha, as alterações advindas da minirreforma, os princípios constitucionais da Republica e da democracia, a limitação do financiamento por pessoas naturais e a liberdade de expressão do eleitor.

Assim, o objetivo geral do trabalho proposto é analisar se a minirreforma de 2015 foi suficiente para limitar as práticas de condutas ilícitas por candidatos e financiadores.

Os objetivos específicos que se propõe a alcançar são: Verificar o meio termo entre a alteração legislativa para a redução do financiamento de campanha e a liberdade de expressão do eleitor, analisar a possibilidade de alterações legislativa, que limitariam a atuação empresários endinheirados (já que a doação por pessoas jurídicas está proibida) desequilibrar o pleito com as suas doações milionárias totalmente dentro do limite dos 10% da renda bruta, delimitando ainda a fiscalização no sentido de coibir o fracionamento da doação milionária entre os diversos integrantes de uma família, através do CPF de cada um dos envolvidos, e por fim, propõe a fiscalização (inclusive com o aumento do suporte para o Ministério público) dos gastos feitos pelos candidatos que são fontes de suas próprias receitas.

Esse trabalho apresenta três capítulos de desenvolvimento orientados no alcance do seu escopo.

O primeiro capítulo apresenta as principais vertentes das campanhas eleitorais, tratando-a como garantia da democracia, além de demonstrar técnicas de persuasão do eleitor na busca por votos e os limites principiológicos das campanhas eleitorais, quais sejam a moralidade eleitoral e a liberdade do voto. Na sequência, o segundo capitulo, se dedica a análise dos sistemas de arrecadação de fundos para as campanhas, dando enfoque principal ao novo sistema de arrecadação proposto pelo Julgamento pelo Supremo Tribunal Federal da ADI 4.560 e da Lei 13.165/2015, as principais alterações advindas dessa reforma, tais como a proibição de doações de campanha por pessoas jurídicas, do mesmo modo, procurou delimitar a prática de condutas ilícitas e anti democráticas do sistema atual e a contemporaneidade do sistema de arrecadação antigo, muito influenciado pelos favores eleitorais e corrupção. Por fim, o terceiro e ultimo capitulo passa a demonstrar a necessidade de limitação do financiamento de campanha e o não prejuízo à liberdade de expressão do eleitor, bem como propôs modificações legislativas ao sistema atual, no fito de que seja respeitado os princípios constitucionais da Democracia e República.

CAPÍTULO 1

AS CAMPANHAS ELEITORAIS E OS SEUS PILARES - A GARANTIA DA DEMOCRÁCIA

PRINCIPAIS ASPÉCTOS DAS CAMPANHAS ELEITORAIS - DISPUTA ENVOLVENDO OS CANDIDATOS, PARTIDOS E COLIGAÇÕES.

Inicialmente, o processo eleitoral, em sentido amplo, constitui fenômeno social, caracterizando-se por ser uma complexa relação jurídica que se estabelece entre diversos atores, cuja finalidade é o provimento dos cargos político-eletivos em disputa. Como tal, as partes nele envolvidas ocupam específicas posições, sendo titulares de direitos e deveres.[1]

As campanhas eleitorais são oriundas do próprio sistema criado pelo Direito Eleitoral, como forma de exteriorizar o processo democrático. Trata-se do período eleitoral em que os partidos e seus candidatos se apresentam para a população em busca de votos.

Os veículos que apresentam campanha eleitoral tradicionalmente são: televisão, rádio, jornais e revistas (impressos). Essas campanhas começam nos períodos próximos

---

[1] GOMES, José Jairo. Direito Eleitoral. 12ª Edição. Editora: Atlas, 2016. Pag. 489.

às eleições e vão até a sua ocorrência, geralmente no mês de outubro.

Na televisão, existe uma lei que impõe a exibição no horário nobre e no começo da tarde, onde as emissoras regionais apresentam entrevistas ou mesmo as propostas de cada candidato. Já as emissoras de rede nacional não apresentam campanha e sim algo relacionado a ela.

A campanha eleitoral é inteiramente voltada à captação, conquista ou atração de votos. Deve sempre se pautar pela licitude, cumprindo ao candidato e seus apoiadores se curvar às diretrizes ético-jurídicas do sistema.

Nesse contexto, é durante as campanhas eleitorais que se garante o exercício do direito fundamental de sufrágio com vistas à concretização da soberania popular, bem como à validação da ocupação de cargos políticos e à legitimação do exercício do poder estatal, nos casos em que as campanhas são conduzidas dentro da normalidade, sem a interferência da prática de atos ilícitos.

O dia 16 de agosto do ano em que as eleições se realizam marca o momento de início das campanhas eleitorais - a reforma trazida pela lei 13.165/15 reduziu para 45 (quarenta e cinco) dias o período de campanha, prazo muito inferior aos três meses ofertados pela legislação anterior. Primeiro dia após a protocolização dos pedidos de registro de candidatura na Justiça

Eleitoral. Antes disso, é vedada a realização de propaganda eleitoral e atos de campanha.

No entanto, em que pese tenha se reduzido o período de campanha eleitoral, é sabido que essa disputa envolvendo candidatos, partidos políticos e coligações se inicia muito antes da data legal estipulada, qual seja do dia 16 de agosto do ano eleitoral.

Isso por que, a lei 13.165/15, também trouxe modificações atinentes ao período da chamada pré-campanha, ou seja, aquele momento em que é vedada a campanha eleitoral, uma vez que inexistem candidaturas registradas e, com isso, registro de CNPJ e abertura da conta bancária para movimentação dos valores e pagamento das despesas de campanha.

As alterações realizadas contribuíram para distinguir as situações em que há campanha eleitoral antecipada – a qual é vedada e sujeita a sanção – daquelas em que se tem a chamada pré-campanha posto que, em importante inovação, é expressamente permitida, nos termos da norma vigente, a "a menção a pretensa candidatura, a exaltação das qualidades pessoais dos pré-candidatos".

Dispõe a Resolução de n. 23.455/2015 do TSE, art. 2, que:

> Não configuram propaganda eleitoral antecipada, desde que não envolvam pedido explícito de voto, a menção à pretensa candidatura, a

exaltação das qualidades pessoais dos pré-candidatos.[2]

Conforme a Resolução do TSE acima referida é possível no período anterior a 16 de agosto a realização dos seguintes atos:

1. A participação de filiados a partidos políticos ou de pré-candidatos em entrevistas, programas, encontros ou debates no rádio, na televisão e na Internet, inclusive com a exposição de plataformas e projetos políticos, observado pelas emissoras de rádio e de televisão o dever de conferir tratamento isonômico;

2. A realização de encontros, seminários ou congressos, em ambiente fechado e a expensas dos partidos para tratar da organização dos processos eleitorais, da discussão de políticas públicas, dos planos de governo ou das alianças partidárias visando às eleições, podendo tais atividades
ser divulgadas pelos instrumentos de comunicação intrapartidária;

3. A realização de prévias partidárias e a respectiva distribuição de material informativo, a divulgação dos nomes dos filiados que participarão da

---

disputa e a realização de debates entre os pré-candidatos;

4. A divulgação de atos de parlamentares e de debates legislativos, desde que não se faça pedido de votos;

5. A divulgação de posicionamento pessoal sobre questões políticas, inclusive nas redes sociais;

6. A realização, a expensas de partido político, de reuniões de iniciativa da sociedade civil, de veículo ou meio de comunicação ou do próprio partido, em qualquer localidade, para divulgar ideias, objetivos e propostas partidárias.[3]

Sendo assim, pode-se vislumbrar que a legislação promoveu a redução do prazo para campanha eleitoral e aumentou o rol de condutas lícitas que podem ser praticadas durante a pré-campanha, sem caracterizar a propaganda antecipada.

Dessa forma, não será difícil presenciar um pretenso candidato bem assessorado praticando atos específicos de campanha eleitoral em período anterior ao estabelecido, sem sofrer qualquer sanção, uma vez que não consiste em prática ilícita.

---

[3] Resolução de n. 23.455/2015 do TSE

Constata-se que, a reforma eleitoral advinda da lei 13.165/15 aumentou, o lapso temporal das práticas de atos de convencimento do eleitorado, tendo em vista que o indivíduo poderá realizar a pré-campanha durante um longo período e com o rol de condutas lícitas muito mais abrangente, do mesmo modo que potencializou a necessidade de obtenção de recursos para financiamento desse processo.

A propaganda é instrumento indispensável, de importância primordial, em qualquer campanha. Sem ela, é praticamente impossível alcançar a vitória no certame eleitoral. É pela propaganda que o político torna pública sua candidatura, levando ao conhecimento do eleitorado os projetos que defende (e os que repudia), bem como as ações que pretende implementar; com isso, sua imagem, suas ideias e propostas adquirem grande visibilidade perante o eleitorado.[4]

Nesse cenário, a disputa eleitoral envolvendo partidos, candidatos e coligações utilizam os mais variados meios de comunicação, para obter o resultado tão esperado qual seja a eleição dos seus representantes.

Diante de tal disputa, o terreno econômico é certamente onde mais se cogita do uso abusivo de poder nas eleições, fenômeno que pode não só desequilibrar as disputas, como

---

[4] GOMES, José Jairo. Direito Eleitoral. 12ª Edição. Editora: Atlas, 2016. Pag. 488.

também relativizar (ou até tornar menos importante) a voz dos soberanos cidadãos.

Por isso, o legislador deve intervir, fazendo-o sempre com o objetivo de que o processo eleitoral seja hígido, as disputas equilibradas e harmônicas, haja transparência no levantamento e dispêndio de recursos por partidos e candidatos. Afinal, é nos cidadãos que se encontra a fonte vital da democracia.

Deve-se, pois, impedir que a grande riqueza dos mais abastados e o poder detido por autoridades e meios de comunicação social interfiram de forma relevante ou decisiva no resultado das eleições.

Se todos são iguais perante a lei (princípio constitucional da igualdade), justo não seria que houvesse grande diferença de oportunidades ou chances para a ocupação de cargos político-eletivos, o que retiraria a autenticidade da representação política.

Lamentavelmente - e mostrar essa situação é um dos nossos objetivos -, há diversos tipos de ilicitudes detectadas em campanhas eleitorais. Entre elas, destaca-se o uso abusivo de poder em suas variegadas facetas. De qualquer sorte, na lei e em tese, o abuso de poder em campanhas eleitorais e, pois, nas eleições, constitui prática severamente reprimida.

"VALE TUDO": AS TÉCNICAS DE PERSUASÃO DO ELEITOR NA BUSCAR POR VOTOS.

O tema relativo às técnicas de persuasão do eleitor é um dos mais importantes no âmbito das campanhas eleitorais. Isso por que, o objetivo principal de todas as movimentações, dos discursos, das propostas e dos gastos de cada candidato, partido político ou coligação, é garantir o resultado positivo nas urnas no dia do pleito, efeito que só pode ser almejado com a participação do eleitorado.

Para isso, os setores responsáveis pelas campanhas de cada candidato utilizam as mais variadas técnicas de persuasão, no fito de convencer os cidadãos de que aquele é o melhor candidato para ocupar determinado cargo, dentro daquele universo de pretendentes.

Sabe-se que, há candidatos que são mais fortes em determinados segmentos da população, em determinados locais ou redutos, bastando observar a contagem de votos das urnas e das respectivas zonais eleitorais para saber onde um candidato pode ter sido mais ou menos votado. Esse é a análise que todos os candidatos que pretendem concorrer seriamente a um cargo eletivo fazem.[5]

Assim, identificam onde foram os maiores fracassos e vitórias, onde precisam aumentar o número de votos, qual seguimento precisam atingir, o tipo de mídia, discurso e

---

[5] LIBERATO, Ludgero e outros. Curso de Direito Eleitoral. Editora: JusPodivm. Salvador. 2016. Pag. 286.

linguagem que devem empregar para conquistar os votos que os dará a vitória do pleito.

Tem-se que, os resultados das urnas dão uma radiografia perfeita sobre os pontos fortes, os fracos, bem como os desafios e oportunidades eleitorais que serão enfrentadas por cada concorrente.

Nesse diapasão, resta demonstrada a importância da evolução das técnicas de convencimento do eleitor (pesquisas eleitorais, propaganda político-eleitoral), bem como se percebe o uso de práticas abusivas no afã de conseguir o direcionamento almejado para as eleições, o que pode causar grandes prejuízos a liberdade do voto do eleitorado e a para a legalidade do pleito.

Nesse cenário, constata-se, eventualmente, a prática de divulgação de resultados de pesquisas eleitorais feita em locais ou com pessoas que, historicamente, se inclinam para determinado candidato ou partido, bem como, a ocorrência de situações em que correligionários de um determinado candidato percebem a realização e migram imediatamente para o local da pesquisa, forçando suas entrevistas para conferir resultado que não reflete a realidade eleitoral.[6]

Diante de tal fato, é possível observar muitos eleitores, movidos pelos resultados das pesquisas, deixarem de votar em

---

[6] LIBERATO, Ludgero e outros. Curso de Direito Eleitoral. Editora: JusPodivm. Salvador. 2016. Pag. 286.

determinado candidato para "não perder seu voto" e acabam votando em outro, apenas para fazer oposição àquele que ele não deseje que vença as eleições.

Não se pode olvidar, no entanto, a importância das pesquisas eleitorais para a garantia da democracia, de modo que não se pode negar que é direito de todos saber e ter acesso à informação para decidir o seu voto.

A transparência, a liberdade de escolha e o acesso à todas as informações que permitam ao eleitor criar o seu convencimento, seja ele crível ou não, são aspectos intrínsecos do processo eleitoral. Sendo assim, resta evidente que as pesquisas possuem um papel fundamental para a outorga dessa liberdade de escolha, da transparência etc.

Portanto, a solução não está na proibição das pesquisas eleitorais, mas, sim, pela exigência de que elas sejam sérias, honestas, verdadeiras, uma vez que o conteúdo que ela transmite é extremamente decisivo para os rumos das campanhas eleitoreiras, sejam eles justos ou injustos.

Diante da existência de tantos princípios importantes em jogo, sua elaboração e divulgação à população não se submete à autorização da Justiça eleitoral, contentando-se a legislação com o mero registro, no prazo de 5 (cinco) dias, conforme se extraí do art. 33 da Lei 9.504/97 (Lei das Eleições)[7]. Vejamos:

---

[7] Lei. 9.504/1997. Disponível em: <

Art. 33. As entidades e empresas que realizarem pesquisas de opinião pública relativas às eleições ou aos candidatos, para conhecimento público, são obrigadas, para cada pesquisa, a registrar, junto à Justiça Eleitoral, até cinco dias antes da divulgação, as seguintes informações:

I - quem contratou a pesquisa;

II - valor e origem dos recursos despendidos no trabalho;

III - metodologia e período de realização da pesquisa;

IV - plano amostral e ponderação quanto a sexo, idade, grau de instrução, nível econômico e área física de realização do trabalho, intervalo de confiança e margem de erro;

IV - plano amostral e ponderação quanto a sexo, idade, grau de instrução, nível econômico e área física de realização do trabalho a ser executado, intervalo de confiança e margem de erro;(Redação dada pela Lei nº 12.891, de 2013)

V - sistema interno de controle e verificação, conferência e fiscalização da coleta de dados e do trabalho de campo;

VI - questionário completo aplicado ou a ser aplicado;

VII - o nome de quem pagou pela realização do trabalho.

VII - nome de quem pagou pela realização do trabalho e cópia da respectiva nota fiscal. <u>(Redação dada pela Lei nº 12.891, de 2013)</u>

§ 1º As informações relativas às pesquisas serão registradas nos órgãos da Justiça Eleitoral aos quais compete fazer o registro dos candidatos.

§ 2º A Justiça Eleitoral afixará imediatamente, no local de costume, aviso comunicando o registro das informações a que se refere este artigo, colocando-as à disposição dos partidos ou coligações com candidatos ao pleito, os quais a elas terão livre acesso pelo prazo de trinta dias.

§ 2º A Justiça Eleitoral afixará no prazo de vinte e quatro horas, no local de costume, bem como divulgará em seu sítio na internet, aviso comunicando o registro das informações a que se refere este artigo, colocando-as à disposição dos partidos ou coligações com candidatos ao pleito, os quais a elas terão livre acesso pelo prazo de 30 (trinta) dias. <u>(Redação dada pela Lei nº 12.034, de 2009)</u>

§ 3º A divulgação de pesquisa sem o prévio registro das informações de que trata este artigo sujeita os responsáveis a multa no valor de cinqüenta mil a cem mil UFIR.

§ 4º A divulgação de pesquisa fraudulenta constitui crime, punível com detenção de seis meses a um ano e multa no valor de cinqüenta mil a cem mil UFIR.

§ 5º É vedada, no período de campanha eleitoral, a realização de enquetes relacionadas ao processo eleitoral. (Incluído pela Lei nº 12.891, de 2013)

Frise-se que, em atenção às eventuais práticas de condutas abusivas por parte dos candidatos e partidos políticos (fraude aos dados, aos critérios ou aos resultados das pesquisas), o legislador, sabiamente, estipulou o tipo penal do parágrafo 4º, do artigo supracitado.

Ademais, cuidou ainda o legislador de estabelecer uma diferenciação entre pesquisas e enquetes - levantamento de opinião, sem controle de amostra, que não utiliza método científico para a realização e depende apenas da participação espontânea do interessado -, bem como determinou a proibição da realização de enquetes relacionadas ao processo eleitoral no período de campanha, tudo isso conforme o parágrafo 5º, do art. 33º da Lei das Eleições.

Tais vedações têm o condão de limitar a atuação dos candidatos e dos partidos políticos no período de campanha eleitoral, justamente para preservar a competitividade entre os concorrentes, bem como por entender que a campanha eleitoral não se trata de um "vale tudo".

CAPÍTULO 2

O PODER DO MARKETING POLÍTICO

Dentre as técnicas de persuasão do eleitor, a grande campeã de propagação e investimentos é a propaganda político-eleitoral. Trata-se de um método de comunicação, direcionado ao público (eleitorado) cuja finalidade é a disseminação de ideias atreladas a campanha eleitoral - ideologia, metas, programas de governo, postura política - de determinado candidato, no fito de captar e conquistar votos.

O ambiente das campanhas eleitorais se tornou absurdamente competitivo, bem como altamente profissionalizado. Gasta-se quantias exorbitantes com propaganda político-eleitoral e sua divulgação nos mais variados meios de veiculação existentes, quais sejam bens particulares, materiais impressos, comícios, alto-falantes e amplificadores de som, imprensa escrita, internet, rádio e televisão.

Por trás de todos esses meios de veiculação da campanha eleitoral, se esconde uma grande técnica de convencimento que ajuda o candidato a conquistar o maior número de votos com a divulgação da propaganda eleitoral da melhor forma possível para o eleitor, tal técnica é conhecida como Marketing Político.

O marketing político tem como objetivos adequar um candidato ao seu eleitorado em potencial, procurando fazê-lo, num primeiro momento, conhecido do maior número de eleitores possível e, em seguida, se mostrar diferente de seus adversários, obviamente melhor posicionado.

Nesse cenário, adequar o candidato ao seu eleitorado potencial significa, basicamente, saber o que pensam e o que querem os eleitores em determinado momento.

A partir dessas informações é possível compatibilizar o discurso do candidato com os anseios do eleitorado, fazendo com que se posicione de acordo com as preocupações da sociedade, sem contrariar sua história política.

O marketing político é algo permanente, está relacionado com a formação da imagem em longo prazo.

> "O marketing eleitoral consiste em implantar técnicas de marketing político e comunicação social integrados, de forma a conquistar a aprovação e simpatia da sociedade, construindo uma imagem do candidato que seja sólida e consiga transmitir confiabilidade e segurança à população elevando o seu conceito em nível de opinião pública." [8]

---

[8] MANHANELLI, Carlos Augusto. Eleição é Guerra. São Paulo: Summus, 1992, p. 22.

Nesse ínterim, o trabalho do marketing político é justamente atrair o eleitor para votar num candidato com "excelentes" propostas de governo.

Nenhum eleitor gosta de participar de um jogo onde ele não conhece as regras, ou pertencer a um grupo de pessoas onde ele não conhece todos os fatos, onde há segredos: o eleitor sente-se excluído, rejeitado. Pertencer a um grupo de eleitores de determinado candidato deve soar como pertencer a um seleto grupo de pessoas que sabem escolher, que são conscientes, que estão construindo uma nova ordem das coisas, um novo modo de construir o futuro.

As promessas do candidato devem ter conteúdo consistente, deve resistir a um debate e deve possibilitar aos seus cabos eleitorais desdobramentos nas discussões, não pode deixá-los sem argumentos na defesa das idéias do candidato.

Sendo assim, é preciso fazer soar como verdade o que o candidato diz, tanto no que tange a mídia, como no que tange aos multiplicadores de opinião pública e os cabos eleitorais. Precisa haver uma harmonização estratégica em torno do candidato.

O discurso deve ser bem elaborado e a campanha deve ser bem coordenada. Possuir uma unidade de discurso, de símbolos utilizados nas peças publicitárias e direcionamento coerente à satisfação das necessidades e desejos dos eleitores, são fatores decisivos para se obter resultados positivos nas campanhas eleitorais, pois o candidato quando não eleito deve pelo menos sair de uma campanha sempre com a imagem melhor posicionada do quando entrou nela.

Tudo isso se dá por conta das transformações sociais, do aumento do número de candidatos concorrentes e do crescimento da população, conforme orienta a consultora em Comunicação Eloá Muniz, em seu artigo Marketing Político: conceitos e definições. Vejamos:

> A utilização das técnicas do marketing político é decorrência da própria evolução social. O conflito de interesses, as pressões sociais, a quantidade de candidatos, a segmentação de mercado, as exigências de novos grupamentos de eleitores, o fortalecimento dos grupos de pressão, a competição desmesurada, a decadência da sociedade coronelista no país, a urbanização, a industrialização, os novos valores ditados pela indústria cultural e o crescimento vegetativo da população constituem, entre outros, os elementos determinantes da necessidade da utilização dos princípios do marketing aplicado à política.[9]

---

[9] MUNIZ, Eloá. Marketing Político: Conceitos e Definições. Pag.02. Disponível em: <www.eloamuniz.com.br> Acesso em: 03 de fevereiro de 2017.

Uma das condições necessárias para a consolidação de qualquer democracia é a capacidade da classe política de perceber, compreender e atender as diferentes demandas originadas dos diversos setores que compõem a sociedade.

O aumento da importância do processo eleitoral no controle e distribuição dos benefícios do Estado para a sociedade civil está fazendo com que a disputa por um cargo torne-se mais brutal a cada pleito, na medida em que os diversos segmentos da população desenvolvem um esforço intenso para eleger o candidato mais afinado com suas idéias e visão de progresso.

O marketing político destina-se a um aprimoramento do nível das campanhas (e por isso se tornou essa técnica altamente necessária e dispendiosa), esta expressão aparece frequentemente ligada a um caráter negativo - o marketing político é capaz de sugerir que o comitê de campanha de determinado candidato filiado ao partido identificado, tradicionalmente, pela cor vermelha, seja pintado de azul, no fito de desvincular a imagem do candidato a do partido que está em péssimo momento em termos de popularidade -, associado a práticas totalitárias ou manipulativas, à esquerda e à direita.

Segundo esta visão, qualquer pessoa, desde que devidamente capitalizada e assessorada por "experts" no assunto seria capaz de eleger-se, mesmo que desprovida de idéias ou motivações diretamente relacionadas com representação política.

Isto é fácil, assim como no marketing comercial é falsa a idéia de que só uma nova embalagem vende o produto. Não se trata de fazer do candidato um fantoche ou robô programado por um grupo de assessores misteriosos, mas sim da aplicação de um conjunto de procedimentos e técnicas que visa otimizar a utilização dos recursos empregados no decorrer de uma campanha eleitoral.

Por serem aplicáveis a qualquer campanha, as técnicas de marketing podem inclusive diminuir um pouco as distorções criadas pelo poder econômico, desde que sejam postas ao alcance de todos os candidatos e por eles entendidas e aplicadas.

No entanto, muitos concorrentes, inclusive candidatos que já estão investidos em cargos de governança, utilizam dessas técnicas de marketing político a todo o tempo, como forma de se perpetuar no poder.

Ademais, é sabido da prática de condutas extremamente abusivas de governantes que financiam as suas campanhas eleitorais e o pagamento do material de campanha e profissionais de marketing político com verbas publicas. Atitude que deve ser veementemente proibida e punida, consoante decisão recente do TRIBUNAL DE JUSTIÇA DO ESTADO DO RIO GRANDE DO SUL, na Apelação Cível : AC 70055556799 RS[10], que

---

[10] Apelação Cível Nº 70055556799, Vigésima Segunda Câmara Cível, Tribunal de

reconheceu a prática abusiva de uso da imagem pelo Governador do Estado. Vejamos:

> AÇÃO POPULAR. PROPAGANDA. PUBLICIDADE. PROGRAMA TERRA GAÚCHA. PRONUNCIAMENTO. GOVERNADOR. VEICULAÇÃO. PROMOÇÃO PESSOAL. LITISCONSÓRCIO. ART. 509 DO CPC.
>
> 1. Não é nula a sentença sucinta. A nulidade somente alcança decisões destituídas de motivação, e não as de fundamentação concisa.
>
> 2. Na democracia, a publicidade das ações do governo tem por finalidade dar visibilidade e transparência ao exercício do poder. Não se confunde com a propaganda ou marketing político e eleitoral dos partidos políticos e dos candidatos.
>
> 3. A propaganda ou marketing político e eleitoral têm por escopo difundir ideias e capitalizar votos. Em tal estratégia, os partidos políticos e seus candidatos podem valer-se de impressos, símbolos, imagens, bandeiras, logotipos, slogans e jingles e, inclusive, criar uma marca. Encerrado o processo eleitoral, ao assumir o poder, é vedado ao governante fazer propaganda ou marketing político às expensas do

Justiça do RS, Relator: Maria Isabel de Azevedo Souza, Julgado em 24/10/2013. Disponível em: <https://tj-rs.jusbrasil.com.br/jurisprudencia/113369682/apelacao-civel-ac-70055556799-rs> Acesso em: 25 de março de 2017.

erário para fins de promoção pessoal e de seu partido. Tal importaria apropriação da máquina pública para fins privados em violação aos princípios da impessoalidade, moralidade e isonomia.

4. A comunicação governamental de atos, programas, obras, serviços e campanhas, que assegura a transparência do exercício do poder, somente pode ter caráter educativo, informativo ou de orientação social e não pode servir de promoção pessoal de autoridades e servidores públicos. Art. 37, § 1º, da CR.

5. A veiculação da publicidade denominada de TERRA GAÚCHA que noticiou a realização de obras, campanhas, programas e serviços patrocinada pelo erário, no primeiro semestre de 1997 não serviu de promoção pessoal dos Réus (Governador e três Secretários do Estado). É que, não obstante o caráter jornalístico emprestado na apresentação das atividades governamentais, o uso de slogans (Boas notícias para o Rio Grande - Estado de Todos) e das rápidas aparições dos agentes públicos, preponderou a publicidade em favor da gestão do Executivo como um todo, cujo exercício era compartilhado por vários partidos políticos, o que afasta o caráter de promoção pessoal de apenas alguns dos agentes públicos. Decisão que deve ser estendida ao litisconsorte cujo

recurso não foi conhecido por deserto, forte no art. 509 do Código de Processo Civil.

6. O pronunciamento oficial do Governador do Estado, dias antes da realização de assembleia geral dos professores estaduais para deliberar sobre a decretação de greve, no qual é realizado histórico dos movimentos paredistas e da evolução dos vencimentos da categoria, não se constitui em promoção pessoal do agente público, mas ato legítimo de condução dos assuntos do Governo, para esclarecer a população e demover os integrantes do magistério de realizar mais uma greve no Estado.

7. Configura ato de promoção pessoal do Governador a repetida veiculação, na mídia, durante vários dias, de programa de entrevista encomendada pelo Poder Público para noticiar a assinatura de contrato no exterior com o Banco Mundial. É que a reprodução durante um período revela a intenção de promover o agente público, extrapolando o caráter informativo. Recurso de GERMANO MOSTARDEIRO BONOW não conhecido. Recursos de IARA SILVIA LUCAS WORTMANN, CEZAR AUGUSTO SCHIRMER e ESTADO DO RIO GRANDE DO SUL providos. Recurso de ANTONIO BRITTO FILHO provido em parte. (Apelação Cível Nº 70055556799, Vigésima Segunda Câmara Cível, Tribunal de Justiça

do RS, Relator: Maria Isabel de Azevedo Souza, Julgado em 24/10/2013)

Resta notável a dimensão de uma decisão dessas, haja vista que tais condutas abusivas devem ser fervorosamente reprimidas. Frise-se, mais uma vez, que o ambiente de campanha eleitoral, apesar de bastante competitivo, não pode ser visto como um "vale tudo" em busca do poder.

Ademais, existem algumas particularidades em relação ao eleitor, em meio a toda essa preparação dos candidatos, que devem ser apontadas. Tem-se que o eleitor, de um modo geral, não está inclinado a acreditar no que os políticos têm a dizer sobre corrupção, pobreza, emprego e justiça social. Este discurso não mobiliza a sociedade por que está desgastado.

Isso por que, o que mais se tem, hoje, no Brasil é corrupção, pobreza, desemprego e injustiça social. Portanto, é um discurso que soa falso, ninguém acredita mais.

Entretanto, existe o final do século, o novo milênio: uma nova era. Existe aí a possibilidade de uma nova abordagem desses temas.

Uma boa comunicação entre os eleitores e o candidato pode iniciar uma relação de compreensão discursiva e desencadear uma crença nos novos valores do candidato, criando assim, uma interação eleitor-candidato.

Esta interação é de fundamental importância para que haja um efetivo controle do diálogo, pois do contrário não haverá empatia do discurso do candidato com seu público-alvo, ou seja, o segmento escolhido para direcionar a sua campanha, o que vulgarmente se considera reduto eleitoral.

Sendo assim, é necessário que o candidato, tanto ao cargo executivo como legislativo, preocupem-se com a divulgação de suas crenças e de seus valores com intenção de criar uma produção de sentido intencional na busca da empatia com as necessidades e desejos do eleitor.

Se for correto afirmar que a maioria das pessoas não confia nos políticos (e isso se deve ao processo democrático, portanto, uma variável que os políticos precisam se acostumar e empenhar esforços para revertê-la, e aí num esforço coletivo das instituições governamentais para diminuir esta rejeição), é correto, também, afirmar que todas as pessoas sonham e querem um líder em quem possam acreditar.

Assim, o candidato deve fazer o eleitor sonhar e deve esforçar-se para corresponder às expectativas deste eleitor.

Ocorre que, tal esforço deve ser pautado na legalidade, moralidade e lealdade com os candidatos concorrentes. Estudos comprovam que o fator ideológico é o que menos influencia na decisão do voto do eleitor. Dessa forma, a utilização tanto do fator político, quanto do marketing eleitoral de forma exacerbada pode mitigar de forma contundente os princípios da moralidade eleitoral, da transparência e da liberdade do voto. É o que se extrai dos ensinamentos da Ilustre Eloá Muniz[11]. Aqui está:

> O marketing eleitoral pode ser extremamente eficaz, ou até mesmo dispensável, dependendo do universo em que atue. Segundo o professor Cid Pacheco, o voto é influenciado por três componentes distintos: político, ideológico e eleitoral. Estes componentes aumentam ou diminuem sua importância em função do tamanho do universo votante.
>
> O voto político é firmado de forma direta, em uma relação pessoal entre candidato e eleitor. Em cidades pequenas, este fator é imperativo, chegando a contribuir com até cerca de 80% da motivação dos votos. Em universos maiores, como o nacional, seu efeito se dilui, afetando cerca de 20% do eleitorado.
>
> O componente ideológico influencia, de forma geral, pequena parcela dos eleitores. Os discursos de esquerda, direita, do socialismo ou liberalismo parecem afetar pouco a decisão de voto. Esse tipo de voto atinge aproximadamente 5% do eleitorado de universos pequenos, crescendo com o tamanho dos mercados, atingindo uma influência máxima de 10% no mercado nacional.

[11] MUNIZ, Eloá. Marketing Político: Conceitos e Definições. Op. Cit. p,07.

O componente eleitoral representa o campo de atuação do marketing eleitoral. Sua influência cresce com o tamanho do universo eleitoral, chegando a atingir, em nível nacional, 70% das decisões de voto.

LIMITES PRICIPIOLÓGICOS DAS CAMPANHAS ELEITOREIRAS: MORALIDADE ELEITORAL E LIBERDADE DO VOTO.

Diante de todo o exposto, percebe-se que além dos limites legais propostos pelo legislador, se faz necessário a aplicação de limites principiológicos às campanhas eleitorais, como forma de restringir os atos dos concorrentes ao pleito e garantir a normalidade das eleições.

A raiz constitucional do Direito Eleitoral empresta a esta ciência todos os princípios fundamentais da República Federativa do Brasil, tais como a dignidade da pessoa humana, o pluralismo político, a soberania, a cidadania, a democracia. No entanto, além desses princípios do Estado de Direito, são atinentes às campanhas eleitorais (e são eles que garantem - ou tentam garantir - o mínimo de escrúpulo a essa disputa) os princípios da moralidade do pleito, da liberdade do voto e da transparência dos atos praticados em campanha.

MORALIDADE ELEITORAL

O princípio da moralidade eleitoral nasce da própria razão de ser da democracia representativa, qual seja, da noção de que todo poder emana do povo, sendo ele o titular da soberania estatal, mas que não ele quem exerce diretamente, sendo tal mister atribuído aos mandatários políticos que são eleitos em sufrágio popular.[12]

Assim, na democracia representativa o povo concede um mandato político a alguns cidadãos para que, na condição de seus representantes, exerçam e pratiquem a vontade popular, ou seja, atuem em nome do povo e para o povo.

Ora, o titular de mandato político recebe, pelo voto popular, o poder soberano para gerir o destino de toda a população do país, definir e realizar as políticas públicas, criar as leis e normas de regência da sociedade e exatamente por isso não pode este mérito e enorme responsabilidade recair sobre pessoa que não possua idoneidade moral exemplar.

Justamente por isso, a moralidade dos candidatos, analisada sob a perspectiva da vida pregressa do individuo, é um critério escolhido pelo texto constitucional (art.14, parágrafo 9º), cujo intento é afastar do processo eleitoral aquele que não possuam idoneidade moral para receber a delegação de poder.

Sendo assim, não é apenas o art.37, caput, da CF/1988 que serve de suporte para justificar a adoção do princípio da moralidade, até por que ali refere-se exclusivamente àqueles que exercem alguma função pública.

---

[12] LIBERATO, Ludgero e outros. Curso de Direito Eleitoral. Op. Cit. Pag, 74.

No âmbito eleitoral, o que se tem é o princípio da moralidade como regulador do Direito Eleitoral, em especial no exercício dos direitos políticos.

O que fez a lei das inelegibilidades (LC 64/90) foi fixar, com base no princípio da moralidade e sob a perspectiva da vida pregressa do individuo, uma série de situações jurídicas subjetivas nas quais o pretendente a um cargo eletivo não pode nelas se enquadrar.

Todavia, o reconhecimento da moralidade como vetor informativo do Direito eleitoral não se limita à análise dos requisitos para ser eleito.

A exigência do comportamento moral deve balizar também a análise da conduta dos candidatos durante o período eleitoral - e demonstrar isso é o verdadeiro objetivo do presente trabalho -, servindo de valor a ser devidamente sopesado para definir a maior ou menor gravidade de eventuais sanções por condutas ilícitas.

A moralidade está diretamente relacionada com a premissa da veracidade das informações que são passadas ao eleitor no período de campanha eleitoral. Por se tratar de momento destinado a persuadir e convencer o eleitor que o candidato X é a melhor opção para o cargo eletivo X, não se admite que as informações sejam falsas ou enganosas, e nem sequer dúbias.

Ao promover o candidato a campanha política de determinada agremiação, jamais poderá falsear informações, dizer mentiras como forma de captar o voto do eleitor ou acusar injustamente um adversário com intento de, assim, fazer com que o eleitor deixe de votar nele, apesar dessas condutas serem absolutamente corriqueira nas eleições do nosso Pais.

Vejamos por exemplo, uma decisão que trata da falta de veracidade do candidato no que tange a sua prestação de contas de campanhas:

> RECURSO ELEITORAL. PRESTAÇÃO DE CONTAS. CANDIDATO. DOAÇÃO À PRÓPRIA CAMPANHA, BEM ESTIMÁVEL EM DINHEIRO QUE NÃO INTEGRAVA O PATRIMÔNIO EM PERÍODO ANTERIOR À CANDIDATURA. MOVIMENTAÇÃO DE RECURSOS FINANCEIROS FORA DA CONTA BANCÁRIA ESPECÍFICA. AUSÊNCIA DOS EXTRATOS BANCÁRIOS NA SUA FORMA DEFINITIVA. FALHAS GRAVES QUE IMPEDEM A AFERIÇÃO DA VERACIDADE DAS AFIRMAÇÕES PRESTADAS. PREENCHIMENTO INCORRETO DO DEMONSTRATIVO DE RECURSOS ARRECADADOS. IRREGULARIDADE QUE NÃO COMPROMETE AS CONTAS. DESAPROVAÇÃO. PROVIMENTO NEGADO.
>
> A doação de bem estimável em dinheiro, quando o doador for o próprio candidato, deve

integrar o patrimônio do doador antes do pedido do registro de sua candidatura ou constituir produto de seu próprio serviço ou de atividade econômica. O pagamento de despesas de campanha com recursos que não transitaram pela conta bancária específica para a movimentação financeira, bem como a ausência dos extratos bancários em sua forma definitiva, impedem o efetivo controle das fontes de financiamento e aplicação dos recursos na campanha. A irregularidade no preenchimento do demonstrativo dos recursos arrecadados, em que se constata tratar-se de recursos financeiros utilizados para o pagamento de despesas com material e serviços descritos em notas fiscais, por si só, não macula as contas. As alegações de desconhecimento da obrigatoriedade de que os recursos arrecadados necessariamente deveriam transitar pela conta corrente de campanha e da inexistência de indícios de fraude ou ilicitude não subsistem, pois a ninguém é dado alegar o desconhecimento da lei para furtar-se do seu cumprimento, consoante inteligência do art. 3.º da Lei de Introdução ao Código Civil (Decreto-lei n.º 4.564/42).Configurando irregularidades nas contas, que ultrapassam 61% do total dos recursos arrecadados, não há que se falar na aplicação dos princípios da razoabilidade e proporcionalidade. A infringência aos arts. 17, 23 e 40, inciso XI, § 2.º, da

<blockquote>

Resolução TSE n.º 23.376/2012 e arts. <u>22</u>, § 3.º, e <u>23</u>, § 2.º, da Lei n.º <u>9.504</u>/97 revela falhas que impedem a aferição da regularidade da arrecadação e da aplicação de recursos de campanha por parte da Justiça Eleitoral, e restando frustrada a finalidade da prestação de contas, a sua desaprovação é medida que se impõe.[13]

</blockquote>

É no período de campanha eleitoral que o eleitor forma a sua convicção acerca do seu candidato preferido. Aliás, só se inicia a campanha quando os pedidos de registro forem todos protocolizados (ressalvados os atos de pré-campanha), de forma que é, a partir daí, que deve se iniciar a divulgação de ideias, programas, aspectos do candidato e do adversário que sejam absolutamente verdadeiros.

Ataques morais e enganosos não podem ser admitidos em campanha eleitoral, porque, em última análise, o que se está em jogo é o legitimo convencimento do leitor em torno de quem dará o seu voto.

Percebe-se a ligação entre veracidade e moralidade eleitoral, na medida em que espera-se do processo eleitoral que as eleições, bem como o resultado das urnas reflitam uma

---

[13] TRE-MS - RECURSO ELEITORAL : RE 52930 MS. 4 de Junho de 2013. Disponível em: < https://tre-ms.jusbrasil.com.br/jurisprudencia/23369219/recurso-eleitoral-re-52930-ms-trems#!> Acesso em: 25 de março de 2017.

situação verdadeira, real, correta entre a vontade do eleitor e os fatos verdadeiros que lhe foram passados.

É imoral uma campanha eleitoral que dispara informações falsas, enganosas com intuito de assim obter o voto do eleito. Ter-se-á, nessas situações, um resultado descompassado com a verdadeira intenção do eleitor, que se estivesse de posse de informações verdadeiras, poderia ter feito uma opção diferente em relação à entrega do seu voto.

LIBERDADE DO VOTO

O voto no Brasil é obrigatório, secreto e direto. A rigor, a obrigatoriedade está atrelada ao dever de comparecimento às urnas, tendo liberdade para voltar em qualquer candidato, anular seu voto, ou simplesmente não votar em ninguém (em branco).

A regra do voto secreto é garantia fundamental para que o cidadão possa exercer a sua liberdade de escolha, de manifestação de vontade, e, portanto de garantia real do princípio democrático.

O direito de liberdade se manifesta sob diversas faces e prismas e uma delas é a liberdade de manifestação de ideias, de pensamento e expressão, nos termos do *caput* e incisos IV e IX, do art. 5º[14], bem como do art. 220[15]. Da CF/1988.

---

[14] Art. 5º Todos são iguais perante a lei, sem distinção de qualquer natureza, garantindo-se aos brasileiros e aos estrangeiros residentes no País a inviolabilidade do direito à vida, à liberdade, à igualdade, à segurança e à propriedade, nos termos

Daí decorre, dentre outros dispositivos associados à proteção da democracia, o direito que tem o cidadão de votar de forma livre, isto é, sem pressões ou constrangimentos provocados pelas influências econômicas, políticas, morais ou de qualquer tipo (art. 14, parágrafo 9º, da CF/1988).

O princípio da liberdade do voto deve ser sempre utilizado para interpretação das normas eleitorais, como já assentou o TSE ao assumir que "tem interpretado as normas eleitorais de forma a preservar os valores mais caros ao regime democrático, em especial a liberdade do voto e a moralidade pública".[16]

Para que exerça com plenitude a liberdade de escolha e voto livre o eleitor deve estar em totais e reais condições de manifestar sua verdadeira vontade por este ou aquele candidato e seu respectivo partido no exato momento que vai às urnas.

Obviamente que a escolha do seu candidato preferido e respectivo partido não se dá - ou não deveria se dar - na fração de segundo que tecla a urna eletrônica. Não mesmo! Esse convencimento se faz ao longo do tempo, da análise da vida

seguintes:
IV - é livre a manifestação do pensamento, sendo vedado o anonimato;
IX - é livre a expressão da atividade intelectual, artística, científica e de comunicação, independentemente de censura ou licença;

[15] Art. 220. A manifestação do pensamento, a criação, a expressão e a informação, sob qualquer forma, processo ou veículo não sofrerão qualquer restrição, observado o disposto nesta Constituição .

[16] AgRg no REspE 29662. Rel. Min. Joaquim Benedito Barbosa Gomes, DJe 16.12.2008.

pregressa do candidato, da eventual atuação política em pleitos ou mandatos anteriores, do seu comportamento social, da sua postura, da sua reputação e, também por todas as formas de veiculação lícita da propaganda político eleitoral em período de campanha, tais como debates políticos, propaganda no rádio e televisão, nos meios eletrônicos, em entrevistas, etc.[17]

Esse processo de depuração na identificação do candidato que irá merecer o seu voto e feito ao longo do tempo, e, a campanha eleitoral é o espaço de tempo razoável para que isso seja feito, pois, formalmente, é com a convenção partidária na segunda metade do mês de junho do ano eleitoral que se sabe quem irá se candidatar e o respectivo cargo eletivo.

É nesse ponto, que os dois princípios abordados nesse tópico se aproximam, isso no que se refere à premissa fundamental da veracidade no período de campanha eleitoral.

Tem-se dessa forma que, sem informações verdadeiras, nenhum voto é livre, antes o inverso. Ao receber informações falsas e enganosas, sem saber que o são, o eleitor não tem liberdade plena para decidir em quem deve votar ou quem merece o seu voto.

A veracidade é intimamente relacionada com a liberdade do voto, pois é através dela, de posse de todas as informações corretas acerca dos adversários políticos e de suas agremiações,

---

[17] LIBERATO, Ludgero e outros. Curso de Direito Eleitoral. Op. Cit. Pag, 13.

que o eleitor possui condições firmes e legitimas de convencer-se por esta ou aquela agremiação.

Outra premissa fundamental que se relaciona com a liberdade do voto é a transparência dos atos, técnicas e informações veiculadas nas campanhas eleitorais.

Toda campanha eleitoral deve ser transparente, translúcida, de forma que nada seja escondido e facilmente percebido ou identificado por um cidadão comum. Não só a transparência da informação, mas especialmente a transferência dos atos de campanha, com destaque especial para as movimentações financeiras, referente à captação e gastos dos recursos que nela são empregados.

CAPÍTULO 3

OS DESENCONTROS ENTRE NOVO SISTEMA DE LIMITAÇÃO DOS GASTOS E A REALIDADE DAS CAMPANHAS ELEITORAIS

A ARRECADAÇÃO DE RECURSOS FINANCEIROS

A arrecadação de recursos financeiros, bem como a quantificação dos gastos da campanha eleitoral, são fatores essenciais para garantir o êxito nas urnas, do mesmo modo que a utilização e meios de arrecadação são determinantes para o bom ou mau funcionamento da administração financeira da campanha do candidato ou partido político.

Na verdade, é com o financiamento de campanha propriamente dito, este previsto na Lei das Eleições (Lei n. 9.504/97), que os partidos políticos e candidatos se tornam os protagonistas das campanhas políticas, utilizando desses recursos para promover a difusão das suas propostas e planos de governos, convencendo, dessa forma, os eleitores - meros telespectadores - de qual será a melhor opção para ocupar os cargos eletivos da disputa.

São três os marcos que permitem a referida qualificação para o financiamento eleitoral, quais sejam o temporal, uma vez que só se entende como tal o financiamento desenvolvido no período definido como eleitoral pela legislação; o aspecto subjetivo, que consiste na possibilidade de apenas os envolvidos no pleito obterem acesso ao financiamento e, por fim, o material, responsável por condicionar o financiamento a atividades concretas de caráter eleitoral.[18]

Ademais, tendo em vista o caráter de disputa entre candidatos e a possibilidade de um concorrente ter mais facilidade para arrecadação do que outros, bem como a necessidade de preservação da democracia, demonstra-se importante a papel do princípio da igualdade de oportunidades no âmbito do pleito eleitoral.

Isso por que, a igualdade de oportunidade, entendida, neste ponto, como a determinação de que os candidatos, numa corrida eleitoral, devem partir do mesmo ponto e com as mesmas armas, está vinculada ao caráter competitivo das eleições, de modo que, distingue um processo eleitoral efetivamente democrático de outros realizados em sistemas totalitários e autoritários.[19]

O fato incontroverso é que não há campanha eleitoral, sem gastos de recursos financeiros. Segundo informações constantes no voto condutor da ADI nº 4.650[20], em 2002 os candidatos gastaram 798 milhões de reais, de modo que, em 2012, o

---

[18] CAGGIANO, Monica Herman S. e outros. Direito Eleitoral em Debate - Estudo em Homenagem a Cláudio Lembo. Editora Saraiva. 2010. Pág. 123.
[19] CAGGIANO, Monica Herman S. e outros. Op. Cit. Pág. 123.
[20] Vide Informativo 732 do STF.

montante supera os 4,5 bilhões de reais, no que seria um aumento de 471% de gastos.

Tais dados comprovam que o Brasil é o país que mais gasta em campanhas eleitorais, direcionando grande parte da riqueza gerada com o desenvolvimento de atividades econômicas, no financiamento de campanhas eleitoreiras.

Ainda no que se refere ao financiamento de campanha, tem-se que o Brasil segue o modelo misto de arrecadação, ou seja, os recursos que servirão para custear os gastos das campanhas eleitorais podem ser de origem pública ou privada.

Entende-se por gastos públicos, nesse caso, tanto as receitas advindas dos fundos partidários, quanto à veiculação de gratuita dos programas eleitorais em todas as emissoras de rádios e televisão.

A programação de Rádio e TV ocupam o horário nobre da programação desses veículos de comunicação, de modo que, em contrapartida, as emissoras detém direito à compensação fiscal pela disponibilização do horário gratuito.

Sendo assim, o financiamento público do horário eleitoral não chega às contas dos candidatos de forma direta, como uma arrecadação propriamente dita, no entanto, é sim considerado um financiamento, tendo em vista a proporção da receita que o Estado deixa de arrecadar, promovendo a isenção fiscal para tais emissoras em horários absurdamente onerosos em termos de audiência.

Nesse contexto, a arrecadação da campanha eleitoral pode ser feita por meio de duas opções: dinheiro e estimáveis em dinheiro. A primeira opção, pode ser arrecadada por meio de cheques, transferências bancárias para a conta de campanha e dinheiro em espécie. A segunda são os serviços e bens (móveis ou imóveis) doados ou emprestados para utilização na campanha, que podem ser estimados em dinheiro.

Nesse caso, analisa-se o valor quantitativo de determinada doação, a exemplo qual o valor real de um aluguel de um carro para campanha, ou de uma casa para instituição do comitê partidário, tudo isso no fito de quantificar os gastos de campanha e poder fiscalizar melhor a prestação de contas de cada partido e candidato.

Restou estabelecido pelo art. 20, da Lei 9.504/97, bem como pela legislação da nova reforma eleitoral (Lei. 13.165/15), que o candidato a qualquer cargo eletivo fará a administração financeira da sua campanha, podendo ser ele diretamente o administrador ou pessoa por ele designada. De modo que, poderá utilizar os recursos advindos dos fundos partidários, de doações de pessoas físicas ou recursos próprios.

Diante de tal quadro apresentado, percebe-se a necessidade de uma explanação mais específica sobre cada um dos meios de arrecadação de campanha que podem ser utilizados pelos candidatos, é o que se passa a fazer a seguir:

O art. 23, *caput,* da Lei 9.504/97, estabelece os termos da doação feita pelas pessoas físicas. Estipulou que a pesar das pessoas físicas poderem fazer as doações em dinheiro e estimáveis em dinheiro, devem respeitar um limite legal, qual seja o de 10% da renda bruta auferida no ano anterior à eleição (para os casos de doação em dinheiro), e 80.000,00 (oitenta mil reais) para os casos das doações estimáveis em dinheiro, conforme estipula o parágrafo 7º do mesmo artigo.

Nesse mesmo sentido é o entendimento pacificado da jurisprudência pátria, a exemplo do julgamento da Representação REP 86832, pelo TER-AL, da Relatoria do Dr. ANTÔNIO JOSÉ BITTENCOURT ARAÚJO, em 20 de junho de 2012. Vejamos:

> "REPRESENTAÇÃO. ELEIÇÕES 2010. DOAÇÃO REALIZADA POR PESSOA FÍSICA A CAMPANHA ELEITORAL. DOAÇÕES LIMITADAS A 10% DO RENDIMENTO BRUTO DO ANO ANTERIOR À ELEIÇÃO. REPRESENTADO ISENTO OU OMISSO DE DECLARAR O IMPOSTO DE RENDA. PEDIDO DE MITIGAÇÃO DO SIGILO FISCAL. MEDIDA INÓCUA E SEM UTILIDADE PRÁTICA. DOAÇÃO DENTRO DO LIMITE LEGAL DE ISENÇÃO PARA O IMPOSTO DE RENDA. INEXISTÊNCIA DE OFENSA

À LEGISLAÇÃO ELEITORAL. PEDIDO JULGADO IMPROCEDENTE.

1. O requerimento de quebra de sigilo fiscal de pessoa física sem declaração ou isenta do imposto de renda no ano calendário de 2009 é medida inócua, injustificável e sem utilidade prática, pois não há dados a serem coletados junto ao órgão fazendário, além de atentar contra a sua privacidade.

2. A doação feita por pessoa física para campanha eleitoral de quantia dentro do limite de 10% do rendimento bruto auferido no ano anterior ao da eleição, não sujeita o doador à multa prevista no art. 23, § 3º, da Lei n º 9.504/97.

3. Representado isento de declarar imposto de renda deve ter o percentual de doação calculado com base no limite de rendimentos estipulados para a isenção, conforme precedente desta Corte (TRE/AL, RP nº 817-21, acórdão nº 8.504/2012, relatora Desa. Eleitoral Elisabeth Carvalho Nascimento, julgado em 25/01/2012).

4. No caso em apreço, a contribuição ofertada à campanha eleitoral restringiu-se a valor abaixo do percentual de 10% do limite de rendimentos arbitrado para isenção do Imposto de Renda, dessa forma é de se considerar que o limite imposto pela lei eleitoral foi observado.

5. Pedido julgado improcedente."

Insta constar, que a extrapolação do teto legal (10% da renda bruta do ano anterior, para os casos de doações em dinheiro), sujeita o infrator à multa de cinco a dez vezes a quantia doada em excesso, previsão constante no próprio artigo art. 23, § 3º.

Ademais, apenas a título de esclarecimento sobre os efeitos da doação irregular de campanha, o candidato poderá ter declarada sua inelegibilidade pelo prazo de oito anos, sendo que essa restrição surge como efeito secundário da decisão condenatória na ação ora enfocada, e, se for o caso, somente deve ser declarada por ocasião do processo de registro de candidatura.[21]

Além da doação por pessoas físicas supracitada, existe a hipótese legal de doação de recursos do próprio candidato. Nesse caso, se faz necessária a distinção entre a pessoa física que requereu a candidatura e o candidato a cargo eletivo propriamente dito.

Tratam-se de duas pessoas "distintas", isso por que, ao requerer a candidatura o candidato é obrigado cadastrar um CNPJ de campanha, que será utilizado para todas as movimentações financeiras da época de campanha, de modo que

---

[21] GOMES, José Jairo. Direito Eleitoral. 12ª Edição. Editora: Atlas, 2016. Pag. 540.

o seu patrimônio particular não deve se confundir com os seus recursos de campanha.

Tem-se que, o candidato é pessoa autônoma. Desse modo, os recursos da pessoa física que serão utilizados na campanha, devem ser declarados na prestação de contas como doações de recursos próprios, mediante emissão de recibos.

Esse é aspecto bastante peculiar das doações de recursos próprios, que pode levar o candidato desinformado a não declarar bens ou dinheiros que foram doados por ele próprio, o que irá encadear em problemas na sua futura prestação de contas.

Outra hipótese é a doação advinda de outros candidatos. Situação totalmente lícita, de modo que o candidato doador faz através da sua pessoa física, observando a limitação constante no art. 23, parágrafo primeiro, da Lei das Eleições, qual seja a de 10% dos rendimentos brutos do ano anterior a eleição, para os casos de doações em dinheiro ou estimáveis em dinheiro.

Além das doações de pessoas físicas e de recursos próprios, a legislação eleitoral, mais precisamente a Lei dos Partidos Políticos (Lei 9.096/1995) em seu art. 44, III[22], permite expressamente a doação pelos partidos políticos, direcionadas às campanhas eleitorais, recursos estes, advindos do fundo partidário.

---

[22] Art. 44. Os recursos oriundos do Fundo Partidário serão aplicados: III - no alistamento e campanhas eleitorais;

Nesse cenário, pode-se observar que o legislador fora bastante generoso em relação à possibilidade de doação pecuniária do fundo partidário para as campanhas eleitorais, permitindo que os partidos políticos façam doações de todo o montante existente no fundo, cabendo ao candidato limitar os seus gastos e dar a devida destinação aos recursos, com base nas diretrizes da legislação eleitoral.

A desatenção no que tange a destinação correta dos recursos pode desencadear em sanções severas para os candidatos, como pode se observar no presente Julgado. Aqui está:

> PRESTAÇÃO DE CONTAS ANUAL. EXERCÍCIO FINANCEIRO DO ANO DE 2010. DIREÇÃO ESTADUAL. RECEBIMENTO DE RECURSOS DO FUNDO PARTIDÁRIO. APLICAÇÃO IRREGULAR DE PARTE DOS RECURSOS. COMPRA DE FLORES A FILIADO. FINALIDADE DIVERSA DA DESTINAÇÃO PREVISTA NO ART. 44 DA LEI Nº 9.096/95. AUSÊNCIA DE COMPROVAÇÃO DE DESPESAS COM AJUDAS DE CUSTO. VIOLAÇÃO AO ART. 9º DA RESOLUÇÃO TSE 21.841/2004. CONTRIBUIÇÃO DE TITULARES DE CARGOS DEMISSÍVEIS AD NUTUM QUE OSTENTAM A CONDIÇÃO DE AUTORIDADE. BURLA AO ART. 31, II, DA LEI Nº 9.096/95. ESTATUTO QUE ESTABELECE A

OBRIGATORIEDADE DE CONTRIBUIÇÃO MENSAL. NECESSIDADE DE SUA ADEQUAÇÃO À LEI E ÀS NORMAS DA JUSTIÇA ELEITORAL. COMPROMETIMENTO DA REGULARIDADE DAS CONTAS. DESAPROVAÇÃO DA CONTABILIDADE. SUSPENSÃO DE NOVAS COTAS DO FUNDO PARTIDÁRIO PELO PRAZO DE UM ANO. ART. 36, INCISO II, DA LEI Nº 9.096/95 C/C O ART. 28, INCISO II, DA RESOLUÇÃO TSE Nº 21.841/04. NECESSIDADE DE DEPÓSITO DOS VALORES RECEBIDOS INDEVIDAMENTE. RECOLHIMENTO DOS VALORES DO FUNDO PARTIDÁRIO QUE TIVERAM SUA DESTINAÇÃO CONSIDERADA IRREGULAR POR ESTE REGIONAL. DECISÃO UNÂNIME.

1. A comprovação das despesas realizadas, inclusive com ajudas de custo, destinadas a seus filiados, deve ser comprovada nos termos do art. 9º da Resolução TSE 21.84/2004.2. O Tribunal Superior, quando da interpretação do disposto no art. 31, inciso II, da Lei nº 9.096/95, entendeu que não incide a vedação sobre as contribuições dos agentes políticos, servidores públicos filiados a partido político, investidos em cargos, funções, mandatos, comissões, por nomeação, eleição, designação ou delegação de atribuições constitucionais, mas não é permitido aos titulares de cargos demissíveis ad nutum que

ostentem a condição de autoridade. O conceito de autoridade, por sua vez, está estampado no art. 1º, § 2º, inciso III, da Lei nº 9.784/99, o qual considera servidor ou agente público aquele dotado de poder de decisão.3. De acordo com o art. 36, inciso II, da Lei nº 9.096/95 c/c o art. 28, inciso II, da Resolução TSE nº 21.841/2004, acaso haja recebimento de contribuições de fontes vedadas, a suspensão de novas cotas do Fundo Partidário se dará pelo período de um ano, não havendo espaço para a aplicação da sanção de maneira proporcional e razoável.4. Em virtude do recebimento de recursos de fontes vedadas, fica o partido sujeito ao recolhimento das contribuições ou recursos recebidos indevidamente ao Fundo Partidário, nos termos do art. 28, inciso II, da Resolução TSE 21.841/2004.5. O reconhecimento da irregularidade na aplicação de parte dos recursos do Fundo Partidário dá ensejo ao recolhimento integral, devidamente atualizado, de tais valores ao erário, nos termos das disposições do art. 34 da Resolução TSE 21.841/2004.6. Contas desaprovadas. Decisão unânime. (TRE-AL - PRESTACAO DE CONTAS : PRESTC 23788 AL - Relator - JOSÉ CÍCERO ALVES DA SILVA - 30 de abril de 2012).

Com todo o exposto, pontua-se que o sistema de arrecadação de recursos financeiros para campanhas pode ser considerado a massa de vapor das eleições, de modo que deve ser bem moldado, no fito de evitar a prática de condutas ilícitas e a limitação das campanhas milionárias que ocorrem em todos os Estados do Brasil, esse é o entendimento do legislador da nova reforma eleitoral, da qual passaremos a tratar de maneira mais profunda no tópico seguinte.

REFORMA ELEITORAL - INOVAÇÕES ADIVINDAS DA LEI 13.165/2015 RELACIONADAS AO FINANCIAMENTO DE CAMPANHA.

A legislação eleitoral sempre foi alvo de muitas críticas, principalmente no que tange as suas alterações corriqueiras. Isso por que, antes da Lei 9.504/97, as eleições eram regidas por Legislações específicas para cada pleito, ou seja, era elaborada uma lei nova para conduzir cada processo eleitoral, de dois em dois anos.

Com o advento da Lei das Eleições (Lei 9.504/97), muita coisa mudou. O regramento de direito material e processual referente às eleições, desde o registro de candidatura até a prestação de contas de campanha está presente numa só lei, que é utilizada para todas as eleições, deste a sua promulgação.

O grande inconveniente é a quantidade de alterações feitas na norma supracitada. Apenas a título demonstrativo, de 1997 (inicio vigência da Lei das Eleições) até os dias atuais já houve 9 (nove) alterações nesse regramento, o que muito facilmente coincide com o número de pleitos eleitorais ocorridos nesse ínterim.

Tal dado comprova que, infelizmente, a Lei elaborada para por fim no regime de alterações legislativas simultâneas, está sendo rotineiramente modificada, para resguardar interesses dos políticos que estão no poder.

Nesse mesmo contexto, fora promulgada a Lei 13.165/2015, denominada de minirreforma eleitoral, aprovada em 9 de setembro de 2015, por intermédio do Projeto de Lei nº 5.735/13 na Câmara dos Deputados e nº 75/15 no Senado Federal, que altera dispositivos da Lei das Eleições (Lei nº 9.504/97), da Lei dos Partidos Políticos (Lei nº 9.096/95) e do Código Eleitoral (Lei nº 4.737/65).

Muito embora, a minirreforma supracitada traga alguns dispositivos que modificam drasticamente o andamento do processo eleitoral como um todo, pode-se vislumbrar a intenção do legislador de restringir o acesso aos cargos eletivos, dificultando a inserção de candidatos que jamais foram eleitos, conforme explanação a seguir.

Segundo sua exposição de motivos, a finalidade da Lei nº 13.165/2015 é reduzir os custos das campanhas eleitorais (a mesma atribuída à minirreforma anterior, implementada pela Lei nº 12.891/2013), simplificar a administração dos partidos políticos e incentivar a participação feminina.

Nota-se que a proposta da minirreforma não é essencialmente inovadora, tanto que o legislador não se aprofundou em qualquer questão estruturante do sistema eleitoral e partidário vigente, além de ter deixado, mais uma vez, de regulamentar dispositivos da legislação carentes de complementação[23], de modo a torná-los efetivos, principalmente os desprovidos de sanção.

Nesse diapasão, além das modificações relativas ao registro de candidatura, ao período de campanha eleitoral (agora em 45 dias) e as propagandas eleitorais, a minirreforma trouxe, e esse é o enfoque principal desse trabalho, mudanças consideráveis no sistema de financiamento de campanha e prestação de contas, já aplicadas nas eleições de 2016.

Ab Initio, cumpre trazer a baila, a alteração iniciada com o julgamento, pelo Supremo Tribunal Federal, da ADI 4650[24], que declarou a inconstitucionalidade dos artigos. 23, § 1º, I e II; 24; e 81, *caput* e § 1º, da Lei 9.504/1997, que versam sobre doações de campanhas eleitoras por pessoas físicas e jurídicas e os artigos 31; 38, III, *caput* e § 5º, da Lei dos Partidos Políticos

---

[23] WALDSCHMIDT, Hardy. Breves Notas Sobre A Minirreforma Eleitoral De 2015. Disponível em: < http:// www.justica**eleitoral**.jus.br/arquivos/tre-ms> Acesso em: 29 de abril de 2017.

[24] ADI 4650/DF, rel. Min. Luiz Fux, julgado em 17.9.2015. Disponível em: < http://www.stf.jus.br/portal/cms/verNoticiaDetalhe.asp?idConteudo=300084> Acesso em: 29 de abril de 2017.

(9.096/95), que regulavam a forma e limites em que eram efetivadas as doações aos partidos políticos.[25]

Tal voto declarou inconstitucionais, as doações feitas por pessoas jurídicas às campanhas eleitorais, tendo em vista o potencial financeiro das grandes empresas e a possibilidade de desequilibrar o pleito com doações de valores exorbitantes em troca de favores de campanha. É o que se extraí do trecho do voto do Relator Luiz Fux, a seguir:

> Mais: se considerarmos que existe uma correlação de quase 100% (cem por cento) entre a quantidade de dinheiro despendida na campanha eleitoral e os votos amealhados pelos candidatos, como restou demonstrado pelo professor e cientista político Geraldo Tadeu, na Audiência Pública, conclui-se que há irrefragável dependência de partidos políticos e candidatos com relação ao capital dessas empresas. Destarte, diversamente do que alegado nas informações prestadas pela Presidência da República, por intermédio da Consultoria-Geral do Ministério da Justiça e da Consultoria-Geral da União, a doação por pessoas jurídicas consubstancia, sim, fator de desequilíbrio nos certames eleitorais, máxime porque os limites máximos previstos na legislação, em vez de inibir, estimulam que as maiores empresas façam maiores doações. Diante desse quadro, eu

---

[25] LIBERATO, Ludgero e outros. Curso de Direito Eleitoral. Op. Cit. Pag, 278.

indago: é salutar, à luz dos princípios democrático e republicano, a manutenção de um modelo como esse, que permite a captura do político pelos titulares do poder econômico? Aqui também a resposta se afigura negativa.

Ademais, penso que a opção por excluir o financiamento por pessoas jurídicas não ensejará consequências sistêmicas sobre a arrecadação de recursos, seja porque se mantém o acesso aos recursos do fundo partidário e à propaganda eleitoral gratuita, seja porque persistiria o financiamento por pessoas naturais. Perfilhando similar entendimento, cumpre registrar a precisa ponderação da Clínica UERJ Direitos e do Instituto de pesquisa Direitos e Movimentos Sociais, segundo a qual

"(..) a exclusão da possibilidade de pessoas jurídicas doarem a campanhas não terá qualquer efeito adverso sobre a arrecadação dos fundos por parte dos candidatos. De um lado, todos os partidos têm acesso ao fundo partidário e ao horário eleitoral gratuito nos veículos de telecomunicação, que já proporcionam aos partidos e candidatos meios suficientes para promoverem suas campanhas. De outro, como as pessoas físicas ainda poderão efetuar contribuições a campanhas políticas, o efeito da restrição às doações de pessoas jurídicas será meramente o de exigir que os candidatos angariem fundos de um número maior de indivíduos".

Não bastasse, outra consequência da adoção deste modelo é que o peso político atribuído à participação de uma pessoa jurídica variará de acordo com a sua renda. Quanto maior o poderio econômico da empresa doadora maior será a sua capacidade de influenciar decisivamente no resultado das eleições, o que induziria à indesejada *"plutocratização"* da política brasileira. Em alentado estudo sobre o tema, o cientista político norte-americano David Samuels afirma que a competitividade dos candidatos na disputa eleitoral (*i.e.*, o sucesso ou o fracasso) é diretamente proporcional aos gastos feitos nas campanhas (SAMUELS, David. Pork barrelling is not credit claiming or advertising: campaign finance and the sources of the personal vote in Brazil. *The Journal of Politics*, 64 (3): 845-63, 2002).

A este respeito, a metáfora criada pelo professor da King's College London Keith D. Ewing, citada por Marcin Walecki, ilustra bem como deve ser compreendida a competição eleitoral em um cenário de penetração irrestrita do poder econômico no processo eleitoral: seria o mesmo que convidar duas pessoas para participar de uma corrida de automóveis, em que uma delas disputará a competição com uma bicicleta e a outra com um carro esportivo (EWING, Keith D. Ewing. *Money, Politics and Law.* Oxford: Oxford University Press, 1992; WALECKI, Marcin. Political, Money and Corruption. In: *International Foundation for Election Systems (IFES). Political Finance White Paper Series*, p. 7).

Há, porém, um complicador no ponto: consiste em saber se há algum interesse constitucional contraposto que, a um só tempo, autorize a doação por pessoas jurídicas e justifique essa proteção insuficiente aos princípios democrático e republicano? Ou, como sustentam os defensores do modelo, o âmbito de proteção da liberdade de expressão abarca um direito fundamental das pessoas jurídicas realizarem doações em campanhas? Mais uma vez, a resposta é desenganadamente negativa.

Convém melhor desenvolver. Embora não se negue o seu caráter *substantivo*, o princípio da liberdade de expressão, no aspecto político, assume uma dimensão *instrumental* ou *acessória*. E isso porque a sua finalidade é estimular a ampliação do debate público, de sorte a permitir que os indivíduos tomem contato com diferentes plataformas e projetos políticos. Como decorrência, em um cenário ideal, isso os levaria a optar pelos candidatos mais alinhados com suas inclinações políticas.

Ocorre que a excessiva penetração do poder econômico no processo político compromete esse estado ideal de coisas na medida em que privilegia alguns poucos candidatos – que possuem ligações com os grandes doadores – em detrimento dos demais. Trata-se de um arranjo que desequilibra, no momento da competição eleitoral, a igualdade política entre os candidatos, repercutindo, consequentemente, na formação dos quadros representativos. O quadro empírico também aqui é decisivo para demonstrar o que se acaba de sustentar.

Examinando as informações acerca dos principais doadores de campanhas no país, eliminam-se quaisquer dúvidas quanto à ausência de perfil ideológico das doações por empresas privadas. Da lista com as dez empresas que mais contribuíram para as eleições gerais em 2010, a metade (cinco) realizou doações para os dois principais candidatos à Presidência e as suas respectivas agremiações.

O que se verifica, assim, é que uma mesma empresa contribui para a campanha dos principais candidatos em disputa e para mais de um partido político, razão pela qual a doação por pessoas jurídicas não pode ser concebida, ao menos em termos gerais, como um corolário da liberdade de expressão. A *práxis*, antes refletir as preferências políticas, denota um *agir estratégico* destes grandes doadores que visam a estreitar suas relações com o poder público, de forma republicana ou não republicana.

Além disso, e como destacou Daniel Sarmento e Aline Osório, esse *pragmatismo* empresarial objetiva também evitar *"represálias políticas"*, que podem acarretar a perda de concessões e benefícios concedidos pelo Estado. Nesse sentido, os dois juristas, reportando-se ao estudo *"Corrupção no Brasil: A perspectiva do setor privado"*, sustentam *"que mais de 25% das empresas entrevistadas alegaram terem sido coagidas a fazerem doações a campanhas e, destas, a metade relatou terem sido prometidos favores em troca da contribuição"*. (SARMENTO, Daniel; OSÓRIO, Aline. *Eleições, dinheiro e democracia*: a ADI 4.650 e o modelo brasileiro de financiamento de campanhas eleitorais, 2013, p. 5; ver também ABRAMO, Claudio Weber. Corrupção no Brasil: A perspectiva do setor privado, 2003. *Transparência Brasil,* 2004).

A lei 13.165/2015 deu sequência a esse entendimento e consolidou, expressamente, a proibição da doação de recursos por pessoas jurídicas, destinados as campanhas eleitorais. De modo que, restam permitidas apenas as doações por partidos políticos, pessoas físicas e doação de recursos próprios, conforme já explanado anteriormente.

Essa foi uma das alterações mais significativas trazidas pela minirreforma, tendo em vista que as pessoas jurídicas eram as principais financiadoras do processo político brasileiro.

Tem-se agora, um sistema de arrecadação restrito às doações dos partidos políticos e condicionado a "boa intenção" de pessoas físicas, haja vista que se tornaram a principal fonte de recursos das campanhas eleitorais.

Tal limitação tem um impacto significativo na estruturação e no *modus operandi* do programa de arrecadação dos candidatos. Isso por que, conforme dado constante no Voto do Ministro Luiz Fux, no Julgamento da ADI 4560[26], "No pleito de 2010, apenas 1% dos doadores, o equivalente a 191 empresas, foi responsável por 61% do montante doado."

Nesses termos, percebe-se a dificuldade que o candidato encontrará para conseguir alcanças os níveis de arrecadação suficientes para financiar as campanhas eleitorais, apenas com doações de pessoas físicas. Seguimento este, que era responsável por menos da metade das doações nos pleitos anteriores.

Em contrapartida, adveio também com a minirreforma de 2015, a fixação de um limite de gastos de campanha. Aspecto

---

[26] ADI 4650/DF, rel. Min. Luiz Fux, julgado em 17.9.2015. Disponível em: < http://www.stf.jus.br/portal/cms/verNoticiaDetalhe.asp?idConteudo=300084> Acesso em: 02 de maio de 2017.

positivo, no sentido de redução dos custos do processo político, em relação ao regramento anterior da Lei das Eleições, que em seu art. 17-A, estabelecia o seguinte:

> "Art. 17-A. A cada eleição caberá à lei, observadas as peculiaridades locais, fixar até o dia 10 de junho de cada ano eleitoral o limite dos gastos de campanha para os cargos em disputa; não sendo editada lei até a data estabelecida, caberá a cada partido político fixar o limite de gastos, comunicando à Justiça Eleitoral, que dará a essas informações ampla publicidade." (Redação dada pela Lei nº 11.300, de 2006).[27]

Dentro deste cenário e da inexistência de lei que fixasse um limite de gastos, os partidos políticos costumavam fixar os valores máximos para as campanhas eleitorais, submetendo posteriormente para a justiça eleitoral, que nada poderia fazer, diante de tal lacuna legislativa.

Destarte, os artigos. 5º, 6º e 7º, da Lei 13.165/2015[28], estabeleceram parâmetros para a fixação do limite de gastos (que agora é de competência exclusiva do TSE), que limitam os

---

[27] Art. 17-A, Lei. 9.504/1997. Disponível em: < http://www.planalto.gov.br/ccivil_03/leis/L9504.htm > Acesso em: 02 de maio de 2017.

[28] Lei. 13.165/2015. Disponível em: http://www.planalto.gov.br/ccivil_03/_ato20152018/2015/lei/l13165.htm> Acesso em: 02 de maio de 2017.

gastos exorbitantes que os partidos e candidatos promoviam, no fito de garantir um cargo eletivo. Vejamos:

Art. 5º O limite de gastos nas campanhas eleitorais dos candidatos às eleições para Presidente da República, Governador e Prefeito será definido com base nos gastos declarados, na respectiva circunscrição, na eleição para os mesmos cargos imediatamente anterior à promulgação desta Lei, observado o seguinte:

I - para o primeiro turno das eleições, o limite será de:

a) 70% (setenta por cento) do maior gasto declarado para o cargo, na circunscrição eleitoral em que houve apenas um turno;

b) 50% (cinquenta por cento) do maior gasto declarado para o cargo, na circunscrição eleitoral em que houve dois turnos;

II - para o segundo turno das eleições, onde houver, o limite de gastos será de 30% (trinta por cento) do valor previsto no inciso I.

Parágrafo único. Nos Municípios de até dez mil eleitores, o limite de gastos será de R$ 100.000,00 (cem mil reais) para Prefeito e de R$ 10.000,00 (dez mil reais) para Vereador, ou o estabelecido no caput se for maior.

Art. 6º O limite de gastos nas campanhas eleitorais dos candidatos às eleições para Senador, Deputado Federal, Deputado Estadual, Deputado Distrital e Vereador será de 70% (setenta por cento) do maior gasto contratado na circunscrição para o respectivo cargo na eleição imediatamente anterior à publicação desta Lei.

Art. 7º Na definição dos limites mencionados nos arts. 5º e 6º, serão considerados os gastos realizados pelos candidatos e por partidos e comitês financeiros nas campanhas de cada um deles.

Ademais, o art. 8, do mesmo diploma legal, prevê a competência da Justiça Eleitoral, no sentido de dar publicidade aos limites de gastos para cada cargo eletivo até 20 de julho do ano da eleição, bem como atualizar monetariamente, pelo Índice Nacional de Preços ao Consumidor - INPC da Fundação Instituto Brasileiro de Geografia e Estatística - IBGE ou por índice que o substituir, os valores sobre os quais incidirão os percentuais de limites de gastos.

As alterações supracitadas, do modo em que foram designadas, podem desencadear em limitações ainda mais restritivas no futuro. Tome como exemplo, o município no qual o ex-prefeito se utilizou muito da prática do "caixa 2" e declarou como gastos de campanha apenas 5% (cinco por cento) do valor realmente gasto. Tal fato levará a fixação do limite referente a

70% dos 5% declarado, pelo TSE. O que pode incentivar, de maneira absurda, a reincidência na prática de condutas ilícitas.

Por outro lado, as limitações previstas na Lei da minirreforma eleitoral de 2015, priorizam o entendimento de que as campanhas eleitorais precisam ser mais transparentes e menos custosa, do que já fora.

Outrossim, outro aspecto importante das alterações advindas da Lei 13.195/2015, é o relativo a administração financeira da campanha. Nesse caso, o candidato passou a ser responsável, direto ou por intermédio de pessoa por ele designada, pela administração financeira de sua campanha usando recursos repassados pelo partido, inclusive os relativos à cota do Fundo Partidário, recursos próprios ou doações de pessoas físicas.

De mais a mais, as prestações de contas dos candidatos às eleições majoritárias e proporcionais passaram a ser feitas exclusivamente pelo próprio candidato, conforme estabelecem os §§ 1º e 2º do art. 28 da Lei nº 13.165/2015, devendo a Justiça Eleitoral adotar sistema simplificado de prestação de contas para candidatos que apresentarem movimentação financeira correspondente a no máximo R$ 20.000,00 (vinte mil reais) atualizados monetariamente a cada eleição.[29]

---

[29] WALDSCHMIDT, Hardy. Breves Notas Sobre A Minirreforma Eleitoral De 2015. Disponível em: < http:// www.justicaeleitoral.jus.br/arquivos/tre-ms> Acesso em: 29 de abril de 2017.

Nesses termos, o referido sistema simplificado deverá conter, pelo menos: a) identificação das doações recebidas, com os nomes, o CPF ou CNPJ dos doadores e os respectivos valores recebidos; b) identificação das despesas realizadas, com os nomes e o CPF ou CNPJ dos fornecedores de material e dos prestadores dos serviços realizados; c) registro das eventuais sobras ou dívidas de campanha.[30]

No mesmo sentido, a utilização do referido sistema simplificado para a prestação de contas é obrigatória nas eleições para prefeito e vereador de municípios com menos de cinquenta mil eleitores.

Tem-se que, no sistema anterior, as contas dos candidatos aos cargos majoritários eram prestadas exclusivamente pelo comitê financeiro e a dos candidatos aos cargos proporcionais pelo comitê ou pelo próprio candidato e o sistema era único, independentemente de valor financeiro ou eleitorado do município. Tudo mudou!

Temos, portanto, um novo sistema de financiamento de campanha, que prioriza a economia e visa a diminuição dos gastos exorbitantes nas campanhas eleitoreiras, bem como a responsabilização do candidato ao partido político, de maneira mais severa, em caso de arrecadação via fontes vedadas.

---

[30] WALDSCHMIDT, Hardy. Breves Notas Sobre A Minirreforma Eleitoral De 2015. Disponível em: < http:// www.justicaeleitoral.jus.br/arquivos/tre-ms> Acesso em: 29 de abril de 2017.

Passa agora a apontar os pontos negativos dessa minirreforma, apresentando as suas principais falhas e como os candidatos seguem praticando condutas ilícitas em prol do interesse próprio, tomando como base às condutas já praticadas durante muito tempo, na vigência do sistema antigo de arrecadação e gastos.

CONTEMPORANEIDADES DO SISTEMA ANTIGO DE ARRECADAÇÃO E GASTOS

Diante o exposto, pode-se concluir que a sistemática de financiamento mudou, de modo que a sociedade passará a se moldar para acompanhar tais alterações legislativas. Ou não!

Entende-se que a competição política no Brasil é excessivamente cara. Dessa forma, se faz necessário relacionar o valor absurdo gasto em campanhas eleitorais ao tamanho da democracia brasileira. O eleitorado brasileiro e o número de cargos preenchidos influenciam nos custos das campanhas.

Dentro desta perspectiva, a visão do sistema antigo (anterior a minirreforma de 2015 e ao julgamento da ADI 4560 pelo STF) de financiamento das eleições, com foco nas fontes de financiamento revela que as pessoas jurídicas respondiam por mais da metade dos recursos arrecadados na campanha de 2010. As outras fontes de financiamento são recursos próprios e doações de pessoas físicas, de partidos políticos e comitês eleitorais.[31]

Um dado ainda mais esclarecedor é que, entre as empresas financiadoras de campanhas, o quadro é igualmente díspar. A maior parte das empresas não contribui para campanhas eleitorais. Dos milhões de empresas existentes no país, somente 18 mil contribuíram para campanhas eleitorais em 2010.[32]

O tamanho das doações varia bastante, como era de se esperar em um sistema que conta com doadores com capacidade econômica bastante diferenciada e não iguala as doações por meio de regras definindo contribuições máximas ou gastos máximos por candidatos e partidos.

Como resultado, um número reduzido de doadores contribuindo com valores significativos respondiam por grande parte do financiamento das campanhas, no sistema de financiamento anterior.

Nesse mesmo sentido, havia previsão legal de limites ao uso de recursos próprios por candidatos - o que continua acontecendo mesmo após a minirreforma -, se limitando apenas ao limite de gastos estabelecidos pela Lei 13.165/2015.

---

[31] SPECK, Bruno Wilhelm. O financiamento político e a corrupção no Brasil. Disponível em: <
http://www.academia.edu/3556070/Bruno_Wilhelm_Speck_O_financiamento_pol%C3%ADtico_e_a_corrup%C3%A7%C3%A3o_no_Brasil> Acesso em: 25 de abril de 2017.

[32] SPECK, Bruno Wilhelm. O financiamento político e a corrupção no Brasil. Disponível em: <
http://www.academia.edu/3556070/Bruno_Wilhelm_Speck_O_financiamento_pol%C3%ADtico_e_a_corrup%C3%A7%C3%A3o_no_Brasil> Acesso em: 25 de abril de 2017.

No sistema anterior, a utilização de recursos próprios por candidatos em suas campanhas políticas ficava limitada ao valor máximo de gastos estabelecido pelo seu partido, o que, como visto, equivale na prática à ausência de qualquer limite, conforme a redação revogada do art. 23, § 1º, II, Lei 9.504/97.

Em singela análise do quadro apresentado, pode-se observar o seguinte: Seguindo a sistemática anterior, uma pequena minoria de candidatos abastados tinha suas campanhas eleitorais financiadas por uma pequena minoria de pessoas jurídicas interessadas no resultado do pleito.

Caso contrário, existia a possibilidade do candidato "endinheirado" financiar a sua própria campanha e desequilibrar o pleito, sem ter que obedecer a nenhum limite de gastos.

Ocorre que, tal conjuntura se demonstra bastante atual, mesmo com o advento da nova legislação e de todas as alterações realizadas na dinâmica do processo político-eleitoral.

Isso por que, restou evidente que o poder aquisitivo, independente se originário de grandes empresas ou dos próprios candidatos, é o que orienta o comportamento do eleitorado e os resultados das campanhas eleitorais.

Dentro dessa perspectiva, não importa muito se foram estabelecidos a proibição de doações por pessoas jurídicas, haja vista que essas empresas são compostas por pessoas físicas que repartem os seus lucros e que as administram.

Sendo assim, podem desempenhar o mesmo papel - ou ainda melhor - que as pessoas jurídicas faziam durante as campanhas eleitorais anteriores a essa minirreforma.

Daniel Sarmento e Aline Osorio, em seu artigo "Uma mistura tóxica: política, dinheiro e o financiamento das eleições"[33], apontam a dissonância entre o modelo de financiamento privado e a Constituição Federal, com enfoque principal na disparidade de armas entre os candidatos e a liberdade de voto do eleitor. Vejamos:

> O modelo de financiamento privado de campanhas adotado vai de encontro às diretrizes previstas na Constituição: ele atua no sentido de violar a igualdade do valor do voto e a paridade de armas entre candidatos, e, ao invés de promover a lisura na política representativa, acaba criando um ambiente institucional propício à corrupção e ao estabelecimento de relações antirrepublicanas.
>
> Do ponto de vista dos candidatos, o resultado mais direto das regras em vigor é o desestímulo a candidaturas de indivíduos desprovidos de recursos próprios e de "contatos" com o mundo empresarial,

---

[33] SARMENTO, Daniel e Outro. Uma mistura tóxica: política, dinheiro e o financiamento das eleições. Faculdade de Direito da UERJ. 2014. Pág.11.

através dos quais possam arrecadar os fundos necessários para entrar na disputa. Por essa lógica, cidadãos comuns simplesmente não têm condições de se eleger. Além disso, como, de um lado, as doações de campanha provêm em sua quase totalidade de grandes empresas e de indivíduos muito ricos e, de outro, o volume de recursos arrecadado influi diretamente sobre as chances de eleição, os candidatos que representam os interesses do empresariado e das classes mais elevadas têm uma vantagem desproporcional na corrida eleitoral.

Em segundo lugar, o formato atual do financiamento privado de campanhas produz uma série de deturpações do ponto de vista dos eleitores. Se o voto já não é mais a única "ficha" de um cidadão nas eleições a possibilidade de contribuir com dinheiro para campanhas eleitorais permite que a desigualdade econômica presente na sociedade seja reproduzida na arena política. Como resultado, as pessoas ricas ganham um maior peso na definição dos resultados das eleições e, consequentemente, seus interesses são sobre representados no Parlamento e no Executivo, em detrimento dos cidadãos mais pobres.

Nesse ínterim, entende-se por financiamento privado de campanha, todas as verbas oriundas de fontes de direito privado, seja elas pessoas físicas (se encaixando também as doações por recursos próprios) ou pessoas jurídicas.

Seguindo esse ponto de vista, o financiamento de campanha, sendo ele um aspecto intrínseco ao processo político-eleitoral, acaba desencadeando uma série de distorções do comportamento dos candidatos e dos eleitores, ao ponto de desequilibrar a competição eleitoral ora posta.

A exemplo disso, pode-se pontuar as mais variadas situações em que o financiamento das campanhas eleitorais estão atrelados aos casos de corrupção ativa e passiva dos agentes públicos, de modo que o suborno e a troca de favores acaba falando mais alto.

O cenário político atual do Brasil revela a prática exagerada de corrupção administrativa em troca de financiamento das campanhas eleitoreiras. O país vive um momento de mitigação do princípio democrático, que chega a ser considerado onírico, se não fosse verdade.

A Operação lava-jato revelou os grandes esquemas de troca de favores políticos, que vinha acontecendo a muitos anos no Brasil e que demonstra o poder do financiamento de campanha, de moldar a prática das campanhas eleitorais de uma nação e ignorar qualquer tipo de legislação que proíba a deflagração de condutas ilícitas no meio eleitoral.

A minirreforma de 2015 trouxe alterações significativas no âmbito do financiamento de campanha, no entanto, não priorizou a regulamentação da fiscalização do cumprimento dessas normas por todos os partidos políticos e candidatos. Grande falha!

O corolário de ausência de fiscalização (não sabemos se foi proposital) é a propagação do financiamento de campanha por todos os empresários (pessoas físicas) proprietários das grandes empresas que doavam valores exorbitantes e desequilibravam o pleito, antes da reforma eleitoral que proibiu a doação de campanha por pessoas jurídicas.

Ademais, os sócios, os familiares, "os laranjas", desses poucos empresários que se interessam em financiar o processo político, também farão as suas doações, isso por que, o novo sistema eleitoral determina que pessoas jurídicas podem doar, limitando essas doações a 10% da renda bruta anual do ano anterior ao da eleição.

Analisando a situação de forma pormenorizada, se uma empresa financiadora doava um valor considerável para campanha eleitoral de determinado candidato, esse mesmo candidato, para a sua próxima disputa (agora sob os regramentos da Lei 13.165/2015), pode conseguir a doação de todas as pessoas físicas que tinha relação de negócios e pessoais com a empresa doadora, bastando que para isso as doações sejam feitas através de CPF (Cadastro de Pessoas Físicas) distintos.

A título ilustrativo, a aplicação de referida regra permitiu que um conhecido empresário chamado Eike Batista, doasse R$ 6,05 milhões a diversos candidatos e partidos nas eleições gerais do ano de 2010.[34]

Em contrapartida a essas doações hiperbólicas, a legislação eleitoral restringe a possibilidade de eleitores mais pobres contribuírem a campanhas de forma mais contundente, haja vista que cidadãos que recebem um salário mínimo e se encaixam na faixa de isenção do imposto de renda, estão limitados a doações no valor de R$ 1.144,00 (um mil cento e quarenta e quatro reais).[35]

Sendo assim, uma vez proclamados os resultados das eleições, a desigualdade entre os eleitores ricos e pobres se mantém, uma vez que os eleitos terão maior interesse em beneficiar cidadãos cuja cooperação se demonstra essencial à sua reeleição do que cidadãos cujo apoio pouco signifique. A desigualdade continua, mesmo com a minirreforma!

---

[34] Banco de dados do Tribunal Superior Eleitoral. Disponível em <http://spce2010. tse.jus.br/spceweb.consulta.receitasdespesas2010/abrirTelaReceitasCandidato.action > Acesso em 27 abril de 2017.
[35] Em 2016, o salário mínimo vigente era de R$ 880,00, o que multiplicado por 13 (12 meses somado ao 13º salário), equivale a R$ 11.440,00 de renda bruta anual.

É nesse contexto, que a legislação não se precaveu, deixando aberta, portanto, as brechas para propagação da prática da corrupção mascarada de doações legais.

Sobre esse ponto, é sabido que os vínculos entre financiamento político e corrupção administrativa continuarão, priorizando os favores que as empresas recebiam em troca do financiamento de campanha, agora em nome dos seus proprietários.

Consoante os ensinamentos de Bruno Wilhelm Speck, em seu artigo "O financiamento político e a corrupção no Brasil"[36], os favores recebidos pelas empresas em troca de financiamento, pode ser dos mais variados. Vejamos:

> "Obras, bens e serviços: Empresas que mantêm negócios com o Estado, englobando o setor de construção, material de custeio para a administração, fornecedores de material hospitalar, de merendas escolares etc. podem receber tratamento diferenciado pelo Estado no acesso aos contratos, nas condições de implementação e no pagamento dos serviços prestados.
>
> Licenças e autorizações para a prestação de serviços públicos: Além do setor de compras públicas, há inúmeras outras áreas de interface entre o setor

---

36 SPECK, Bruno Wilhelm. O financiamento político e a corrupção no Brasil. Op. Cit. págs. 32 e 33.

privado e o Estado, todos potencialmente sujeitos à intermediação de favores, que incluem licenças e permissões do Estado para que empresas privadas prestem serviços públicos, englobando comunicação social, telefonia, serviços de limpeza etc.

Impostos, taxas e tributos: A interface dos atores privados com o Estado no que diz respeito ao pagamento de impostos, taxas e tributos é universal e atinge todas as empresas. Agentes públicos nesses setores estão frequentemente envolvidos em escândalos de suborno, aceitando propina em troca de fiscalizações menos rigorosas. As doações para campanhas políticas podem ter a mesma finalidade. A discricionariedade dos fiscais públicos na aplicação das regras tem papel decisivo na relação de poder entre os agentes públicos e privados envolvidos na transação.

Processos de fiscalização: Praticamente todas as empresas estão sujeitas à fiscalização por órgãos públicos, o que inclui a fiscalização de mercadorias na alfândega, a fiscalização sobre o cumprimento da legislação trabalhista, a fiscalização ambiental, a fiscalização de saúde, entre outros. A possibilidade de comportamentos arbitrários nessas áreas é maior que em outras.

Empréstimos estatais: A concessão de empréstimos é de importância fundamental para viabilizar empreendimentos privados. O Estado é um dos grandes agentes no mercado financeiro de empréstimos para alavancar atividades privadas. Novamente, o pagamento de suborno e o financiamento de campanhas podem levar os servidores públicos envolvidos nas decisões a abandonar tais regras, viabilizando negócios que de outra forma talvez não se concretizassem.

Basicamente, todas as decisões importantes tomadas pelo Legislativo ou pelo Executivo, são advindas de acordos políticos e de muitas negociações entre os representantes eleitos pela sociedade.

Na medida em que, o suporte para a eleição desses representantes da sociedade é fruto do financiamento de campanha (agora por grandes empresários), resta evidente que o favorecimento proveniente das decisões do legislativo ou do Executivo irá beneficiar esses doadores, através de favores políticos que priorizem as suas empresas ou o seu segmento, bem como da indicação para cargos comissionados no governo.

Como é o caso de um chefe de governo que obteve financiamento do crime organizado poderá afrouxar a fiscalização da venda de produtos pirateados, permitindo margem de lucro maior para o setor. Igualmente, legisladores que tiveram apoio financeiro de empresas do setor farmacêutico poderão levá-lo em conta no momento de decidir sobre a regulação de pontos críticos para o setor, como a venda de remédios fragmentados.[37]

Sobre a indicação para cargos de chefia, tem-se que é absurda a quantidade de cargos comissionados direcionados aos financiadores de campanha. Nesse diapasão, percebe-se que a administração pública e o setor privado (hoje representados pelos empresários, e não mais pelas suas pessoas jurídicas) andam de mãos dadas, desrespeitando os princípios básicos da administração pública, como a impessoalidade, a moralidade, a eficiência e a legalidade.

Outro ponto a ser levado em consideração, a respeito da contemporaneidade do sistema de arrecadação e gastos, diz respeito à dificuldade na apuração da ilegalidade no que tange as doações políticas.

Visto que, com a minirreforma de 2015, as doações advindas de pessoas físicas é algo totalmente dentro da legalidade. Nesse caso, não se pode considerar que todas as doações realizadas por pessoas físicas são destinadas a obtenção de favores políticos no futuro.

Essa peculiaridade já existia na época em que era permitida a doação por pessoas jurídicas, uma vez que a permissão legal

---

[37] SPECK, Bruno Wilhelm. O financiamento político e a corrupção no Brasil. Op. Cit. págs. 35.

prejudicava a fiscalização da justiça eleitoral e, por muito tempo, não se identificou quais eram as empresas que doavam com o intuito de transgredir as regras do direito administrativo, concernentes a proibição do favorecimento e da corrupção.

Nesse caso, diante de todo o exposto, constata-se que o modelo de financiamento adotado pela minirreforma, apesar de proibir a doação por pessoas jurídicas e priorizar a arrecadação simplória e mais intimista por parte dos partidos políticos e candidatos, não elimina as práticas ilícitas que ocorriam antes das alterações.

Tendo em vista que, o critério de doação por pessoas físicas ora estipulado, conta com o fator "renda bruta" para limitar as doações. Destarte, insta constar que vivemos num país assolado pela desigualdade social, no qual grandes empresários sempre desequilibraram o pleito através de doações exorbitantes, por meio de suas empresas e, com toda certeza, podem continuar o fazendo através de doações que seguem o limite de sua renda bruta.

Ademais, no que tange ao limite de gastos de campanha estabelecido, a eleição de 2016 trouxe um panorama que delimita a atividade dos candidatos daqui pra frente, caso a legislação não seja alterada novamente, conforme se espera.

É sabido, conforme pontuado anteriormente, que o limite de gastos das campanhas eleitorciras era estabelecido pelos partidos políticos, uma vez que não existia Lei que o fizesse. Ocasião na qual os partidos se valiam de determinada lacuna legislativa para "jogar pra cima" o limite de gastos que os candidatos teriam com a eleição.

A minirreforma de 2015 estabeleceu, através dos artigos. 5º, 6º e 7º, da Lei 13.165/2015, supracitados, o limite de gastos em cada cidade e para cada cargo eletivo a ser ocupado, tomando como base a população do município ou o montante gastos declarado na eleição anterior.

Ocorre que, tendo em vista que o Brasil é o país da "cultura do jeitinho", bem como do grau elevado de corrupção, há uma tendência a se valer de dos caminhos adversos para burlar o regramento de limitação.

Tal atitude pode ser percebida, com o alto índice de gastos de campanhas advindos de eleitores interessados no peito, sem que esses valores sejam declarados em campanha.

A logística é aparentemente fácil de compreender. Todo candidato tem um CNPJ de campanha, no qual só poderá movimentar valores até o limite estabelecido pelo TSE.

Entretanto, muitos correligionários interessados na campanha, no trabalho de campo, de convencimento do eleitor, cedendo aos anseios do eleitorado faminto (um dos principais responsáveis pela prática de compra de votos nas eleições), podem gastar valores do seu próprio bolso, pedir voto para o candidato apoiado, sem declarar tal valor nas contas de campanha do candidato.

Essa é apenas uma das práticas utilizadas para burlar o sistema de limitação dos gastos ora posto. A agiotagem e distribuição de mercadorias para os eleitores em seus comércios, podem complementar o esquema de "economia dos gastos" de campanha para o candidato.

Portanto, identificados as falhas do sistema implantado pela minirreforma eleitoral de 2015, bem como os aspectos totalmente atuais da utilização do sistema antigo, passa a apontar os impactos causados no principio democrático (equilíbrio do pleito), além de uma análise de quais as possíveis modificações poderiam trazer melhoria para o sistema atual, no sentido de diminuir a propagação do ilícito.

CAPÍTULO 4

SOLUÇÕES PARA O IMPACTO CAUSADO PELA PROPAGAÇÃO DA CORRUPÇÃO

LIMITAÇÃO DO FINANCIAMENTO ELEITORAL E A LIBERDADE DE EXPRESSÃO DOS DOADORES

Entende-se que, diante do panorama ora apresentado, no qual as campanhas eleitorais sedem espaço a corrupção e a troca de favores entre candidatos e empresários (pessoas naturais) financiadores de campanha, é necessário estipular alguns limites ao financiamento político-eleitoral, como forma de garantir o cumprimento de preceitos constitucionais.

No que concerne a liberdade de expressão dos eleitores doadores, tem-se que, o ato de doar pode ser caracterizado como forma de manifestação de preferência político-ideológica.

De acordo com tal concepção, o ato de contribuir com recursos financeiros a campanhas eleitorais seria uma ação comunicativa, essencialmente protegida pela liberdade de expressão, pois serviria para que pessoas físicas e jurídicas expressassem seus posicionamentos políticos.

Nesse caso, a limitação do financiamento de campanha (como já foi feito com as pessoas jurídicas), é uma grande restrição a liberdade de expressão dos doadores.

Ocorre que, conforme pode perceber no decorrer desse trabalho, as doações de campanha, em sua maioria, são voltadas para a prática de corrupção e troca de favores de campanha.

Sendo assim, se a maior parte das doações efetuadas não expressa preferências políticas dos doadores, elas não podem ser concebidas como exercício da liberdade de expressão, mas como ações voltadas à obtenção de possíveis favores dos eleitos ou à neutralização de possíveis perseguições. Trata-se de negócios e não de discurso.

A Constituição, em diversos artigos, estabelece todos os aspectos da liberdade de expressão. Vejamos:

> Art. 1º A República Federativa do Brasil, formada pela união indissolúvel dos Estados e Municípios e do Distrito Federal, constitui-se em Estado Democrático de Direito e tem como fundamentos:
>
> V - o pluralismo político.
>
> Art. 5º Todos são iguais perante a lei, sem distinção de qualquer natureza, garantindo-se aos brasileiros e aos estrangeiros residentes no País a inviolabilidade do direito à vida, liberdade, igualdade, segurança e a propriedade, nos termos seguintes:
>
> IV - é livre a manifestação do pensamento, sendo vedado o anonimato;

VIII - ninguém será privado de direitos por motivo de crença religiosa ou de convicção filosófica ou política, salvo se as invocar para eximir-se de obrigação legal a todos imposta e recusar-se a cumprir prestação alternativa, fixada em lei;

IX - é livre a expressão da atividade intelectual, artística, científica e de comunicação, independentemente de censura ou licença

Art. 220 A manifestação do pensamento, a criação, a expressão e a informação, sob qualquer forma, processo ou veículo não sofrerão qualquer restrição, observado o disposto nesta Constituição.

§ 2º - É vedada toda e qualquer censura de natureza política, ideológica e artística.

Diante de tais dispositivos, constata-se que a limitação das doações de campanha, dentro da conjuntura atual de financiamento político brasileiro, não se delineara como forma de mitigação da liberdade de expressão.

Tendo em vista que, restou demonstrado que as doações de campanha, mesmo as realizadas por pessoas físicas (no caso dos grandes empresários), não detém o condão da expressão da convicção política do doador.

A ADI 4.560, propôs a limitação ao financiamento de campanha, de modo que o Conselho Federal da OAB, afirma, em seus fundamentos, que o núcleo da liberdade de expressão jamais será atingido com tal limitação. Além de se valor de dados empíricos, que demonstram o percentual das doações oriundas do setor privado, que comprovadamente foram razões de práticas de condutas ilícitas.

A intervenção do judiciário e do legislativo, no fito de limitar as atuações dos doadores mal-intencionados, é de suma importância para a preservação os bens jurídicos do processo político, igualdade, democracia, República, que são de máxima importância em nosso sistema constitucional, e eles vêm sendo severamente comprometidos pelas regras atuais sobre o financiamento eleitoral.

O professor Daniel Sarmento[38] traz a baila, de maneira brilhante, um aspecto interessante da limitação do financiamento de campanha, em relação à liberdade de expressão, afirmando que além de não mitigar a liberdade de expressão dos doadores, a limitação das doações traria a tona vozes de milhares de eleitores que não se expressam, devido à hipossuficiência financeira. Vejamos:

> "Não bastasse, pode-se dizer que as limitações em questão, ao invés de restringirem, até promoveriam os valores subjacentes à liberdade de expressão. É que, no contexto atual, a voz de milhões

---

[38] Op. Cit. pág. 20.

de eleitores é *abafada* pela dos grandes doadores de campanha. Ao inundarem as campanhas com recursos econômicos, estes doadores – em geral, poderosas corporações que mantêm relações intensas com o Estado - retiram toda a importância prática das pequenas contribuições, que são as únicas que a grande maioria do eleitorado brasileiro tem condições de fazer. As modestas doações ao alcance do cidadão comum - estas sim, de caráter eminentemente político-ideológico - tornam-se assim irrelevantes, diante da magnitude dos recursos arrecadados dos reais detentores do poder econômico.

A medida poderia contribuir para o robustecimento dos debates políticos, ao permitir que as vozes da imensa maioria da população, atualmente abafadas pelas contribuições vultosas de campanha provenientes sobretudo de grandes empresas, pudessem ser efetivamente ouvidas na arena pública.

Portanto, limitações ao financiamento eleitoral nos moldes propostos na ADI 4650 são perfeitamente possíveis à luz da garantia à liberdade de expressão. Aliás, diversos países democráticos que prezam pela liberdade de expressão, como o Canadá, a Bélgica, França e Portugal, instituíram tetos para gastos e doações de pessoas físicas e vedaram as contribuições de pessoas jurídicas em suas eleições."

Sendo assim, é de suma importância tal delimitação, mesmo após a minirreforma de 2015, que apesar de ter inovado em muitos aspectos, deixou algumas brechas legais que são suficientes para propagar a corrupção. A vista disso, é que se propõe, no próximo tópico, algumas modificações legislativas necessárias para o estreitamento da legalidade dos atos de financiamento, sem, contudo, deixar de respeitar a liberdade de expressão do indivíduo.

MODIFICAÇÕES PARA O SISTEMA DE ARRECADAÇÃO ATUAL

Diante do quanto evidenciado nos capítulos anteriores, restou claro o caminho traçado pelo legislador da minirreforma, para o financiamento das campanhas eleitorais daqui pra frente.

Apontou-se a proibição das doações feitas por pessoas jurídicas, bem como a limitação dos gastos de campanha, tomando por base os valores que foram declarados a Justiça Eleitoral na eleição anterior.

Restou demonstrado ainda a necessidade de implementação de mudanças na legislação ora posta, haja vista que, malgrado seja bem intencionada (ou não) em relação a economia das campanhas eleitorais, não contempla a redução da prática de corrupção em nenhum dos seus aspectos. Do jeito que está, as práticas ilícitas continuarão acontecendo!

É nesse contexto, que se propõem as seguintes modificações: 1) adoção de um limite *per capita* uniforme para doações por pessoas físicas, a ser fixado pelo Congresso Nacional, em patamar baixo o suficiente para não violar a igualdade entre os eleitores;[39] 2) fiscalização prévia do uso de recursos próprios por candidatos, em atenção ao limite de gastos fixado pelo TSE para as campanhas eleitorais; e 3) pela modificação do sistema de fiscalização das doações e gastos realizados por pessoas físicas.

São três pontos específicos, nos quais a legislação pátria deixou brechas imensas, consequentemente, utilizadas pelos partidos políticos e candidatos, como forma de burlar o regramento e desrespeitar o princípio democrático.

No que se refere ao primeiro aspecto, qual seja a adoção de um limite *per capita* uniforme para doações por pessoas físicas, a sua implantação se justifica no fato de que o critério utilizado atualmente (renda bruta do ano anterior à eleição) acaba propagando a desigualdade entre eleitores ricos e pobres, bem como a manutenção da preferência dos candidatos eleitos, pelos eleitores que contribuíram mais para sua campanha, em

---

[39] Tal proposta de modificação foi feita, inclusive, pelo Conselho Federal da Ordem dos Advogados do Brasil, durante a propositura da Ação Direta de Inconstitucionalidade nº 4.560, uma das responsáveis pela minirreforma eleitoral mencionada nesse trabalho, que determinou a proibição da doação feita por pessoas jurídicas para as campanhas eleitorais.

detrimento dos que, no olhar do legislador, não podem contribuir com quase nada.

Mesmo raciocínio apresentado por Daniel Sarmento e Aline Osorio[40], no artigo científico já mencionado anteriormente. Vejamos:

> "No caso das contribuições por parte de pessoas naturais, que podem doar até 10% dos rendimentos brutos auferidos no ano anterior à eleição, o limite estabelecido pelo legislador faz a igualdade do voto ceder lugar, na prática, à extrema desigualdade política entre os eleitores com relação à possibilidade de influenciar o resultado eleitoral e, logo, a própria atuação do Estado.
>
> A lei eleitoral permite que alguns cidadãos, dotados de consideráveis recursos financeiros, possam fazer doações expressivas a candidatos e, com isso, aumentar em muito as chances de sua eleição.
>
> Entretanto, a mesma lei restringe injustificadamente a possibilidade de eleitores mais pobres contribuírem a campanhas, inclusive sob pena de cometer ilícito eleitoral sujeito a multa severa.

---

[40] SARMENTO, Daniel e Outro. Uma mistura tóxica: política, dinheiro e o financiamento das eleições. Op. Cit. Pág.13.

Além disso, uma vez proclamados os resultados das eleições, a desigualdade entre os eleitores ricos e pobres se mantém, na medida em que os eleitos terão maior interesse em beneficiar cidadãos cuja cooperação se demonstra essencial à sua reeleição do que cidadãos cujo apoio pouco signifique."

Vale-se destacar que, o aspecto promiscuo do financiamento de campanha, antigamente depositado no fato das pessoas jurídicas doarem "mundos e fundos" para as campanhas, agora se encaixa perfeitamente nas doações realizadas por pessoas físicas, uma vez que o critério de delimitação do limite de doação, possibilita que os eleitores mais abastados desequilibrem o pleito, garantindo a vitória do candidato e, futuramente, recebam em troca disso, todos os favores eleitorais que eram direcionados para as empresas financiadoras.

Tal modelo de financiamento privado, que malgrado determine a limitação dos gastos de campanha, autoriza um critério de doação muito permissivo com relação aos mais ricos, cria um ambiente fértil para trocas de favores, além de alimentar vícios históricos brasileiros, como o clientelismo e o patrimonialismo, totalmente incompatíveis com o princípio constitucional republicano.[41]

---

[41] A respeito dos vícios histórico-culturais brasileiros, cf. FAORO, Raymundo. *Os donos do poder - Formação do patronato político brasileiro*. Porto Alegre: Globo, 1975 (vol. I e II); FREYRE, Gilberto. *Casa grande & senzala*. Rio de Janeiro: J. Olympio, 1961;

Nesse caso, ao contrário do que decidiu o Excelentíssimo Ministro Luiz Fux no julgamento da ADI 4.560, seguindo o parecer da AGU - Advocacia Geral da União, entendemos que o critério utilizado pelo legislador para limitar as doações feitas por pessoas naturais, não é suficiente para coibir a influência indevida do poder econômico sobre a política, demonstrando-se em total desconformidade com os princípios da democracia, da igualdade política e da República, delineados pela Constituição Federal, em seus arts. 1º, 5º e 14º.

Nesse contexto, não se propõe aqui a proibição das doações de campanha advinda de pessoas físicas, haja vista que contribuição proveniente do eleitorado, em valores razoáveis, que incentive a participação do eleitor rico e pobre no processo político como um todo, é um importante sinal de presença de democracia nas campanhas eleitorais, o que se coaduna com os princípios estabelecidos pela Constituição de 1988.

Desse modo, o fator que causa muito temor, é o critério adotado pelo legislador para definição dos limites de doação (renda do doador) que se afigura ilógico e desarrazoado.

Isso porque, no caso da imposição de limite a doações de campanha, o fim perseguido é a redução da influência do poder econômico sobre a política. A norma existente, porém, se mostra totalmente inadequada para realizar referida finalidade.

HOLANDA, Sérgio Buarque de. *Raízes do Brasil*. Rio de Janeiro: J. Olympio, 1979.

Conforme ensinamento no eminente professor Daniel Sarmento, "É absurdo tratar como ato ilícito uma doação de mil reais a um candidato, feita por um doador pobre, e considerar lícita a contribuição de milhões de reais promovida por outro, que seja muito rico. Trata-se de discriminação odiosa, que não apresenta qualquer relação racional com os objetivos perseguidos pelo legislador."[42]

Dentro desse quadro, a sugestão é que o limite para doações de campanha feitas por pessoas físicas deve ser um *valor uniforme* para os doadores, de modo a não gerar discriminações ilegítimas, e *baixo*, de forma a reduzir, na política representativa, o peso da desigualdade econômica entre cidadãos. Retirando, portanto, a possibilidade de eleitores milionários promoverem a eleição dos seus candidatos, que irão representar o interesse de minorias quando assumirem os cargos eletivos almejados.

No que tange a segunda proposta de modificação na legislação eleitoral, que trata de financiamento de campanha, coloca-se em evidencia o uso de recursos próprios por candidatos em suas campanhas.

Destarte, como já explicitado anteriormente, o legislador permite que os candidatos invistam em suas campanhas

---

[42] SARMENTO, Daniel e Outro. Uma mistura tóxica: política, dinheiro e o financiamento das eleições. Op. Cit. Pág.14.

eleitorais utilizando recursos próprios, desde que seja respeitado o limite de gastos de campanha estipulado pela Lei 13.165/2015.

Até ai, tudo bem. Esse modelo se encaixa na pretensão do legislador de priorizar o princípio constitucional da democracia, uma vez que o modelo anterior oferecia ao candidato a possibilidade de financiar a campanha com recursos próprios, mas não havia lei específica para impor limites à quantia que poderia ser levantada, tarefa do próprio partido.

No entanto, em que pese tenha se chega a uma limitação expressa por lei, não cuidou o legislador de propor meios de fiscalização prévia para que os candidatos não ultrapassem os limites de gastos, numa confusão a respeito dos valores que estão sendo gastos, se são recursos da sua pessoa física ou da pessoa autônoma, com CNPJ de campanha, o candidato.

A Justiça eleitoral poderá fiscalizar previamente os gastos próprios dos candidatos, através de um acompanhamento mais de perto dos atos de campanha, além do oferecimento de suporte para que o Ministério Público, que empresta servidores para a justiça eleitoral, possa atuar e verificar de forma consistente as práticas desabonadoras das condutas dos candidatos.

A título ilustrativo, segue julgado do TSE, da relatoria do Min. Gilmar Ferreira Mendes, que julga improcedente Ação de Investigação Judicial eleitoral, tendo em vista a falta de consistência probatória no material apresentado pelo Ministério público, fato, infelizmente, corriqueiro, por causa da ausência de suporte técnico e de pessoal para a atuação do Ministério Público durante as eleições, em praticamente todas as cidades do País, principalmente as cidades de pequeno porte. Vejamos:

ELEIÇÕES 2012. RECURSO ESPECIAL ELEITORAL. AÇÃO DE INVESTIGAÇÃO JUDICIAL ELEITORAL. CANDIDATOS A PREFEITO E VICE.

1. Recurso de Hayden Matos Batista. O assistente simples do Ministério Público Eleitoral não pode interpor, isoladamente, recurso especial eleitoral. Precedentes. Recurso não conhecido.

2. Recursos dos candidatos eleitos e servidores. Para afastar legalmente determinado mandato eletivo obtido nas urnas, compete à Justiça Eleitoral, com base na compreensão da reserva legal proporcional, verificar, com fundamento em provas robustas admitidas em direito, a existência de grave abuso de poder e conduta vedada, suficientes para ensejar a severa sanção da cassação de diploma. Para o Ministro Celso de Mello, "meras conjecturas (que sequer podem conferir suporte material a qualquer imputação) ou simples elementos indiciários desvestidos de maior consistência probatória não se revestem, em sede judicial, de idoneidade jurídica. Não se pode tendo-se presente o postulado constitucional da não-culpabilidade atribuir relevo e

eficácia a juízos meramente conjecturais, para, com fundamento neles, apoiar um inadmissível decreto de cassação do diploma" (REspe nº 21.264/AP, rel. Min. Carlos Velloso, julgado em 27.4.2004).

3. Compreensão jurídica que, com a edição da LC nº 135/2010, merece maior atenção e reflexão por todos os órgãos da Justiça Eleitoral, pois o reconhecimento do abuso de poder e da conduta vedada, além de ensejar a grave sanção de cassação de diploma, afasta o político das disputas eleitorais pelo longo prazo de oito anos, decorrente da inelegibilidade do art. 1º, inciso I, alíneas d e j, da LC nº 64/1990. 4. Configura grave abuso do poder político a utilização de eventual programa social (transporte de pessoas a fim de retirar carteira de identidade em município próximo) para, em passo seguinte, alcançar o objetivo final: a transferência fraudulenta de eleitores, devidamente reconhecida pela Justiça Eleitoral em processo específico, fato que, além de constar bem delimitado na inicial da representação eleitoral, acarretou o cancelamento de diversos títulos eleitorais, interferindo no processo eleitoral de 2012, em manifesta contrariedade ao princípio da impessoalidade previsto no art. 37, caput, da CF/1988. 5. A normalidade e a legitimidade do pleito previstas no art. 14, § 9º, da Constituição Federal decorrem da ideia de igualdade de chances

entre os competidores, entendida assim como a necessária concorrência livre e equilibrada entre os partícipes da vida política, sem a qual se compromete a própria essência do processo democrático, qualificando-se como violação àqueles princípiosa manipulação de eleitorado. 6. O abuso do poder político pode ocorrer mesmo antes do registro de candidatura, competindo a esta Justiça especializada verificar evidente conotação eleitoral na conduta, como a transferência eleitoral fraudulenta, que somente pode acontecer antes do fechamento do cadastro eleitoral, no mês de maio do ano da eleição, nos termos do art. 91 da Lei nº 9.504/1997, segundo o qual "nenhum requerimento de inscrição eleitoral ou de transferência será recebido dentro dos cento e cinquenta dias anteriores à data da eleição". Precedentes. 7. A eventual contradição no acórdão recorrido fixação da multa no mínimo legal e cassação de diploma não justifica, por si só, o afastamento dessa última sanção, pois não se analisa a potencialidade do fato para interferir no resultado do pleito, "mas apenas a gravidade das circunstâncias que o caracterizam", nos termos do art. 22, inciso XVI, da LC nº 64/1990, o que ficou demonstrado no caso dos autos. 8. Recursos providos parcialmente para afastar a aplicação de multa por conduta vedada. Mantida a cassação por abuso do poder político. (TSE

- Recurso Especial Eleitoral : REspe 68254 MG -
Relator Min. Gilmar Ferreira Mendes - 16 de
dezembro de 2014).

Por fim, pleiteia-se aqui um cuidado do legislador no que se refere ao regramento de fiscalização doações feitas por pessoas físicas e seus familiares, utilizando o CPF de cada um, como forma de aumentar o montante do financiamento, bem como dos gastos realizados por pessoas físicas no trato direto com o eleitorado.

Consoante situação trazida à baila no decorrer do Capítulo anterior desse trabalho, que trata da contemporaneidade do sistema antigo de arrecadação de receitas para as campanhas eleitorais, restou esclarecida a possibilidade de pessoas físicas burlarem o sistema posto pela minirreforma de 2015.

No sentido de afirmar a seguinte situação: "se uma empresa financiadora doava um valor considerável para campanha eleitoral de determinado candidato, esse mesmo candidato, para a sua próxima disputa (agora sob os regramentos da Lei 13.165/2015), pode conseguir a doação de todas as pessoas físicas que tinha relação de negócios e pessoais com a empresa doadora, bastando que para isso as doações sejam feitas através de CPF (Cadastro de Pessoas Físicas) distintos."

Pontua-se, portanto, que não se pretender anular todas as possibilidades de doações de pessoas físicas, bem como engessar o sistema novo de financiamento de campanha eleitoral. O verdadeiro objetivo dessas sugestões é priorizar a retirada de todas as possíveis brechas legislativas que possam dar ensejo a corrupção.

CONCLUSÃO

Conforme restou demonstrado, o financiamento de campanha pode causar danos extremos ao sistema político de um país, mitigando os princípios da Republica e da Democracia, previstos na Constituição Federal.

Tem-se que a questão da vinculação com a corrupção abre o debate em outra direção. O enfoque não está na demanda de financiamento por integrantes da classe política, mas na oferta pelos doadores e nas razões pelas quais estes estão dispostos a investir na política.

A corrupção com origem no financiamento de campanhas abrange uma série de facetas, desde a intermediação de benefícios administrativos, passando pelas decisões políticas enviesadas até a indicação para cargos públicos de pessoas próximas aos financiadores.

Esse sistema vira uma bola de neve, na qual os doadores de campanha adentram para a administração pela porta da frente e o governo passa a trabalhar com vistas em interesses privados, de poucos.

A lei 13.165/2015 consolidou, expressamente, a proibição da doação de recursos por pessoas jurídicas, destinados as campanhas eleitorais. De modo que, restam permitidas apenas as doações por partidos políticos, pessoas físicas e doação de recursos próprios.

Temos, portanto, um novo sistema de financiamento de campanha, que prioriza a economia e visa a diminuição dos gastos exorbitantes nas campanhas eleitoreiras, bem como a responsabilização do candidato e do partido político, de maneira mais severa, em caso de arrecadação via fontes vedadas.

Em contrapartida, restou evidenciado que o poder aquisitivo, independente se originário de grandes empresas ou dos próprios candidatos, é o orientador do comportamento do eleitorado e dos resultados das campanhas eleitorais.

Dentro dessa perspectiva, não importa muito se foram estabelecidos a proibição de doações por pessoas jurídicas, haja vista que essas empresas são compostas por pessoas físicas que repartem os seus lucros e que as administram.

Nesse caso, podem desempenhar o mesmo papel - ou ainda melhor - que as pessoas jurídicas faziam durante as campanhas eleitorais anteriores a essa minirreforma.

O presente trabalho se insurge na análise das possibilidades de um sistema melhorado e propõe algumas modificações.

Nesse contexto, sugerem-se as seguintes modificações: 1) adoção de um limite *per capita* uniforme para doações por pessoas físicas, a ser fixado pelo Congresso Nacional, em patamar baixo o suficiente para não violar a igualdade entre os eleitores; 2) fiscalização prévia do uso de recursos próprios por candidatos, em atenção ao limite de gastos fixado pelo TSE para as campanhas eleitorais; e 3) pela modificação do sistema de fiscalização das doações e gastos realizados por pessoas físicas.

Sabe-se que essas alterações não serão suficientes para barrar a prática de condutas abusivas, bem como impor um cenário perfeito, de total harmonia nas campanhas eleitorais. Conduto, oferecerá um pouco mais de justiça e equidade para o processo político, priorizando o equilíbrio financeiro entre os candidatos e a liberdade de voto do eleitor.

REFERÊNCIAS

GOMES, José Jairo. Direito Eleitoral. 12ª Edição. Editora: Atlas, 2016. Resolução de n. 23.455/2015 do TSE;

LIBERATO, Ludgero e outros. Curso de Direito Eleitoral. Editora: JusPodivm. Salvador. 2016;

Lei. 9.504/1997. Disponível em: < http://www.planalto.gov.br/ccivil_03/leis/L9504.htm > Acesso em: 02 de maio de 2017;

MANHANELLI, Carlos Augusto. Eleição é Guerra. São Paulo: Summus, 1992;

MUNIZ, Eloá. Marketing Político: Conceitos e Definições. Pag.02. Disponível em: <www.eloamuniz.com.br> Acesso em: 03 de fevereiro de 2017;

Apelação Cível Nº 70055556799, Vigésima Segunda Câmara Cível, Tribunal de Justiça do RS, Relator: Maria Isabel de Azevedo Souza, Julgado em 24/10/2013;

Disponível em: <https://tj-rs.jusbrasil.com.br/jurisprudencia/113369682/apelacao-civel-ac-70055556799-rs> Acesso em: 25 de março de 2017;

TRE-MS - RECURSO ELEITORAL : RE 52930 MS. 4 de Junho de 2013. Disponível em: < https://tre-ms.jusbrasil.com.br/jurisprudencia/23369219/recurso-eleitoral-re-52930-ms-trems#!> Acesso em: 25 de março de 2017;

Constituição federal de 1988. Disponível em: <http://www.planalto.gov.br/ccivil_03/constituicao/constituicao.htm> Acesso em: 20 de abril de 2017;

AgRg no REspE 29662. Rel. Min. Joaquim Benedito Barbosa Gomes, DJe 16.12.2008;

CAGGIANO, Monica Herman S. e outros. Direito Eleitoral em Debate - Estudo em Homenagem a Cláudio Lembo. Editora Saraiva. 2010;

WALDSCHMIDT, Hardy. Breves Notas Sobre A Minirreforma Eleitoral De 2015. Disponível em: < http://www.justicaeleitoral.jus.br/arquivos/tre-ms> Acesso em: 29 de abril de 2017;

ADI 4650/DF, rel. Min. Luiz Fux, julgado em 17.9.2015. Disponível em: < http://www.stf.jus.br/portal/cms/verNoticiaDetalhe.asp?idConteudo=300084> Acesso em: 29 de abril de 2017;

Lei. 13.165/2015. Disponível em: http://www.planalto.gov.br/ccivil_03/_ato20152018/2015/lei/l13165.htm> Acesso em: 02 de maio de 2017;

SPECK, Bruno Wilhelm. O financiamento político e a corrupção no Brasil. Disponível em:<http://www.academia.edu/3556070/Bruno_Wilhelm_Speck_ O_financiamento_pol%C3%ADtico_e_a_corrup%C3%A7%C3%A 3o_no_Brasil> Acesso em: 25 de abril de 2017;

SARMENTO, Daniel e Outro. Uma mistura tóxica: política, dinheiro e o financiamento das eleições. Faculdade de Direito da UERJ. 2014;

Banco de dados do Tribunal Superior Eleitoral. Disponível em <http://spce2010. tse.jus.br/spceweb.consulta.receitasdespesas2010/abrirTelaRece itasCandidato.action> Acesso em 27 abril de 2017;

FAORO, Raymundo. *Os donos do poder - Formação do patronato político brasileiro*. Porto Alegre: Globo, 1975 (vol. I e II);

FREYRE, Gilberto. *Casa grande & senzala*. Rio de Janeiro: J. Olympio, 1961; HOLANDA, Sérgio Buarque de. *Raízes do Brasil*. Rio de Janeiro: J. Olympio, 1979;

Lei 9.096/1995. Disponível em: <http://www.planalto.gov.br/ccivil_03/leis/L9096.htm> Acesso em: 02 de fevereiro de 2017;